바람 좋은 날,
경복궁

바람 좋은 날,
경복궁

박강리 지음

해나무

경복궁 산책 지도

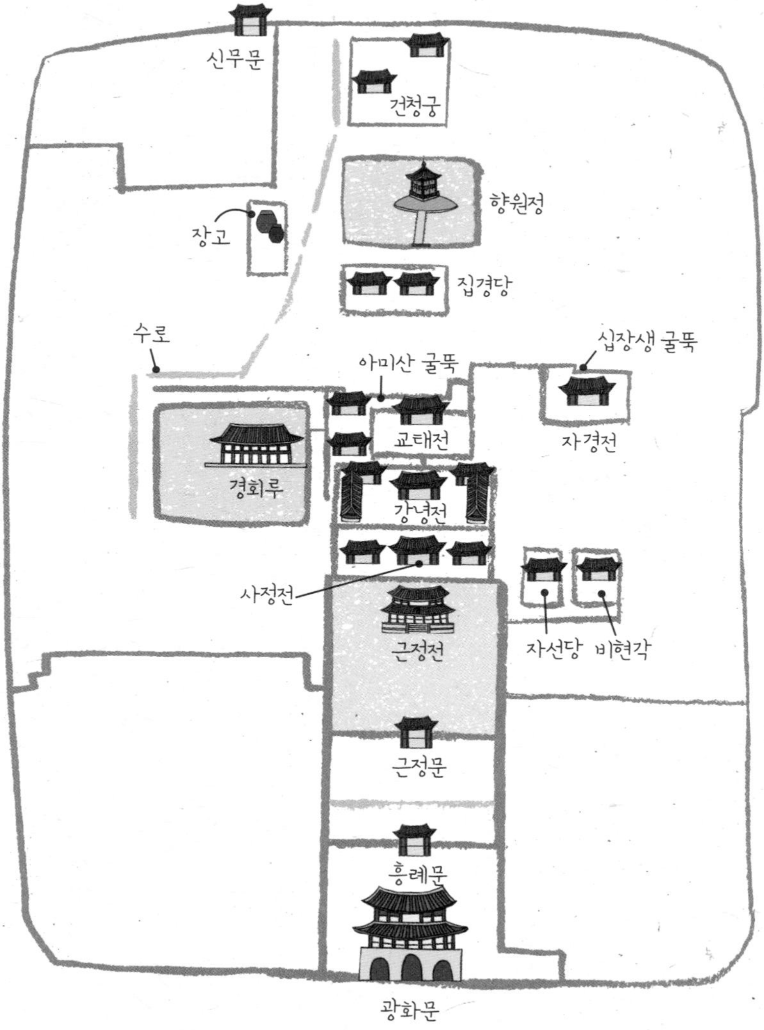
신무문
건청궁
향원정
장고
집경당
수로
아미산 굴뚝
십장생 굴뚝
교태전
자경전
경회루
강녕전
사정전
근정전
자선당
비현각
근정문
흥례문
광화문

들어가며

경복궁,
어제와 내일이 맞물린 자리

'왜 경복궁이야?'

내가 경복궁에 자주 다니기 시작할 때 주위 사람들에게 참 많이 들었던 질문이다. 뭔가 열심히 대답을 하려고 하면 할수록 어느새 장황해지거나 막연해졌다. 돌아서면 늘 아쉽고 허전했다. 시간이 한참 지나고 나서야 알았다. 사람들은 왜 경복궁인지 궁금한 것이 아니었다. 자연과 조화롭게 살았던 옛사람들의 이야기를 찾으려면 다른 곳도 많을 텐데 왜 하필 경복궁인지 그것이 궁금했던 것이었다. 어느새 십수 년 전의 일이다.

꼭 경복궁이어야 했던 것은 아니었다. 사람과 사람이 인연으로 만나듯 어떤 시간과 어떤 장소와도 그렇게 인연을 맺는다. 돌아보면 경복궁은 내게 참 좋은 인연이었다.

오늘날 지구, 환경, 생태, 자연에서 벌어지는 현상들을 시급히 해결해야 할 문제라는 시각으로만 보면, 자연과 인간이 조화롭게 살아야 한다는 것은 결론일 수 있다. 하지만 삶의 문제로 이해하고, 앞으로 자연과 조화롭게 살고 싶다면 그것은 또 다른 출발점이 된다. 우리는 자연과 인간이 왜 조화롭게 살아야 하는지 이미 충분히 배웠다. 그렇다면 자연과 인간이 어떻게 사는 것이 과연 조화롭게 사는 것일까.

자연과 조화하고 순응하는 삶을 살아야 한다고 말은 할 수 있지만 막상 그렇게 살기란 쉽지 않다. 말과 문자에 머물러 있으니 추상적이고 거창하고 어렵다. 우리 안에 개발과 성장의 신화가 뿌리 깊어, 자연과 조화롭게 사는 삶이 어떻게 사는 것인지에 대한 생각조차도 편견에서 자유롭지 못하다.

다행히 지구촌 곳곳에 자연과 조화롭게 살아온 사람들의 이야기들이 남아 있다. 지구촌 사람들의 지혜 보따리들 중에 우리 선조들의 이야기도 있다. 우리가 이어 받은 전통 문화에는 자연과 조화롭게 살고자 했던 옛사람들의 지혜들이 담겨 있다. 옛사람들에게는 생태교육, 자연교육, 환경교육이 따로 필요 없었다. 일상의 삶 속에서 자연스럽게 자연을 접하며 살았다. 사람이 자연과 조화롭게 살아야 하는 이유가 무엇인지, 어떻게 사는 것이 조화롭게 사는 것인지를 자연스럽게 가르치고 배웠다. 삶과 배움이 충돌하지 않았다. 이런 생각을 하게 되었을 즈음에 우연히 경복궁을 만났다. 경복궁은 내게 지구 학교가 되어주었고, '지구, 자연, 삶, 교육, 전통, 현대'라는 흩어진 주제들이 마치 목걸이의 구슬처럼 하나로 모아졌다.

돌아보면 세상에 공부만큼 솔직한 것이 없다. 처음에는 앞서 누군가 해놓은 공부에 의지하게 되지만 결국 자신이 알고 느끼고 경험한 그만큼만 자기 것이 된다. 이제 지난 시절 내 공부는 경복궁 이야기로 남았다. 경복궁에 관해 머리로 알았던 것들은 원래 내 것이 아니었으니 어느새 바람처럼 사라지고 내 마음으로 만났던 한 줌의 사색만이 남았다. 홀가분하고 기쁘다.

경복궁은 어제와 내일이 맞물린 자리이다. 오늘을 살아가는 이들이 찾아오니 오늘의 장소도 된다. 지구 안에서 자연과 조화롭게 산다는 것이 어떻게 사는 것인지, 앞으로 어떤 내일을 만들어가고 싶은지 그 답을 찾는 것이 쉽지 않을 테지만, 경복궁이라면 어제를 돌아보며 내일로 나아갈 수 있는 길이 되어줄 것이다. 이야기꽃들이 삶에 스며들어 경복궁을 다녀가는 걸음걸음마다 세상 밖으로 나가게 되면 좋겠다.

경복궁에서 나의 자연 공부를 언제나 응원해주셨던 윤여덕 선생님, 든든한 길동무 전영임 님, 그림 옷을 곱게 입혀주신 지숲 님, 길고 긴 잠을 깨워 세상의 밝은 햇빛 아래로 책을 이끌어내준 해나무 편집부에 마음 깊이 감사드린다.

차례

1장

광화문 사거리

지구는 산을 만들고 사람은 궁궐을 지었네

광화문 사거리 기념비전 앞에서

우리나라에서 자연환경의 대표를 뽑는다면 과연 무엇을 뽑을까? 다섯 손가락을 꼽는다면 산이 빠질 리가 없다. 높고 낮은 산들에 첩첩이 둘러싸여 살아가는 사람들에게 산은 너무나 자연스러운 대상이다. 일부러 노력하지 않아도 사람들은 집을 짓거나 논밭을 만들거나 마을을 이룰 때 당연히 산을 살핀다. 당연한 일이다. 궁궐 지을 곳을 결정할 때도 산은 중요한 기준이었다.

오늘날 경복궁은 주변 산들에 둘러싸여 있다. 동쪽에 낙산(낙타산), 북쪽에 북악산(백악산), 서쪽에 인왕산, 남쪽에 남산, 그 바깥으로 다시 아차산, 삼각산(북한산), 덕양산, 관악산이 둘러싼다. 산 형제들이 사방에서 서로 양팔을 벌려 느슨하게 손을 마주잡고 있는 형국이다. 그 가운데 제법 넓은 구릉 지대가 바로 옛 한양의 품이다. 네 산들의 능선을 눈으로 따라가보면 옛 도성의 크기를 짐작할 수 있다.

한 나라의 도성이 되려면 그에 걸맞게 갖추어야 할 조건들이 있다. 구체적이고 현실적인 요구 조건들이다. 경복궁이 있는 곳은 산들이 겹겹이 감싸고 있어 적의 침입을 막기에 좋다. 물이 풍부하고, 특히 가까운 곳에 한강이 있어서 물자 수송과 교통도 편리하다. 낮은 구릉 지대가 있어 사람들이 모여 살기에 좋은 땅이다. 한 나라의 도읍으로 삼을 만했다.

오늘날 우리에게 경복궁은 경복궁이다. 종묘는 종묘이고 사직단은 사직단이다. 별개의 장소라고 여긴다. 하지만 조선에서 궁궐, 종묘, 사직단은 떼려야 뗄 수 없는 한몸이었다. 궁궐을 지으면서 동쪽에 종묘를 짓고 서쪽에 사직단을 지었다. 조선은 유교의 나라였다. 종묘는 왕과 왕비의 신위를 모신 곳이자 나라의 사당이었다. 그리고 농경 사회였던 조선에서 농사는 나라의 근본이었다. 사직단은 토지의 신과 곡식의 신에게 정성으로 제사를 지냈던 곳이었다.

경복궁은 북쪽의 북악산에 기대고 남쪽을 향해 자리를 잡았다. 북악산 뒤엔 삼각산이 든든한 형님처럼 서 있다. 궁궐은 남북 방향을 축으로 전각들이 앞뒤로 질서 있게 앉혀졌고, 광화문 앞으로 크고 넓은 길을 냈다. 남쪽에 있어 주작대로라고 부른다. 원래 이 길은 교통을 위해 만든 것이 아니었다. 새롭게 세운 나라가 바른 정치를 펼쳐 오래오래 융성하고 백성들이 편안하고 행복하게 잘살 수 있게 하겠다는 의지의 상징이었다.

광화문이 보이는 전경 ©지슬

이만큼 뒤로 물러선 곳에서 경복궁을 바라보니
지구의 산과 산이, 산과 궁궐이,
궁궐 안의 전각과 전각이 경계가 없이 자연스럽다.

오늘날 시원스레 뚫린 태평로는 예전엔 작은 고갯마루였다. 남북 방향으로는 주작대로를 만들고, 동서 방향으로는 동서대로를 만들었다. 동과 서를 연결하는 큰 길의 양 끝에 동대문(흥인지문)과 서대문(돈의문)을 두었다. 이 길에 시장이 형성되었다. 사람들이 구름처럼 몰려든다 하여 운종가라고 불렀다. 지금의 종로다.

우리 시대에 와서 전통 거리였던 피맛골은 겨우 이름만 유지하고 있고, 옛 육의전은 육의전 박물관으로만 남았다. 우리나라 지하철 1호선이 이곳을 지나게 된 것은 우연이 아니다. 만약에 경복궁이 인왕산을 기대고 앉았다면 동향이 되면서, 전각들과 도로망은 지금과 다르게 배치되었을 것이다.

경복궁은 남쪽으로 세 개의 문을 열었다. 첫 번째 문이 광화문이다. 우리에겐 광화문 앞에 펼쳐진 광화문 광장이 익숙하지만, 조선 시대에는 이곳에 육조가 있었다. 육조는 나랏일을 맡아서 하던 기관들이다. 동쪽으로 의정부, 이조, 한성부, 호조, 서쪽으로 예조, 사헌부, 병조, 형조, 공조가 있었다. 사헌부 앞에 해태(해치)가 있었다. 해태는 사람이 일을 처리할 때 마음의 경계를 늦추지 않도록 했을 것이다. 오늘날 육조는 간 데 없고 해태도 광화문 옆으로 자리를 옮겨 앉았다.

경복궁의 두 번째 문은 흥례문이다. 영제교를 건너면 근정문이 있는데 이 문이 궁궐의 세 번째 문이다. 근정문에 들어서면 근정전과 그 앞에 환하고 넓게 펼쳐진 조정이 눈에 들어온다.

광화문에서부터, 흥례문, 근정문, 근정전, 사정전, 강녕전, 교태전이 한 줄로 질서 있게 배치돼 있다. 자칫 기하학적인 구도에 갇혀 답답할 수도 있었을 텐데, 서쪽의 경회루와 동쪽의 동궁, 자경전을 비롯하여 여러 전각들이 양 날개처럼 펼쳐져 있다. 질서정연하면서도 자유롭다.

경복궁의 담장은 보는 이를 압도하지 않는다. 궁을 튼튼하게 보호하고 지키는 역할에 충실하면서도 담장 너머 백성들이 어떻게 살고 있는지 내다보일 만큼만 높았다.

금강산, 지리산, 북한산은, 산의 이름은 하나이지만 그 안에 높고 낮은 봉우리들이 서로 모여 기대어 있다. 그 모습을 산 아래 궁궐이 꼭 빼닮았다. 궁궐의 이름은 하나인데 여러 전각들이 기대어 있고, 그 안에는 다시 중심이 되는 전각과 거기에 딸린 전각들이 서로 어울려 있다. 이만큼 뒤로 물러선 곳에서 경복궁을 바라보니 지구의 산과 산이, 산과 궁궐이, 궁궐 안의 전각과 전각이 경계가 없이 자연스럽다.

생각해보기

경복궁 가는 길

경복궁으로 가는 길은 여러 갈래다. 가장 쉽게 지하철을 타는 방법이 있다. 지하철 3호선을 타고 경복궁역에 내린다. 지하철 역사를 빠져나오면 국립고궁박물관이 보이고 조금 더 걸으면 흥례문 앞이다. 자신도 모르는 사이에 이미 경복궁 안에 들어와 있다. 흥례문은 경복궁의 두 번째 문이다. 경복궁의 옆구리를 파고들듯이 들어오다니 옛날 같으면 꿈도 꾸지 못할 일이다.

경복궁의 동쪽 문으로 들어오는 길도 있다. 원래 건춘문이 있지만 오늘날 우리가 출입하는 문은 따로 있다. 출입문 바로 앞 횡단보도에 서게 된다면 챙겨봐야 할 것이 있다. 도로 한 가운데 눈에 잘 띄지 않는 구조물이 하나 있다. 동십자각이다. 궁궐은 원래 '궁'과 '궐'이 합쳐진 말이다. 궁은 임금과 그 가족이 살던 집을 뜻하고, 궐은 궁의 출입문 좌우에 세워져 궁을 지

©문화재청

켰던 망루와 궁의 담장을 말한다. 동십자각은 광화문에서 동쪽으로 담장이 꺾어지는 모서리에 세워져 망루 역할을 했던 곳이다. 광화문에서 서쪽으로 꺾이는 곳에는 서십자각이 있었다.

서울에는 조선 왕조의 궁이 모두 다섯 개 있다. 경복궁, 창덕궁, 창경궁, 경운궁(덕수궁), 경희궁이 바로 그것들이다. 경복궁은 궁과 궐을 모두 갖추고 있다. 궁을 지키던 동십자각의 늠름함은 어디로 갔을까. 쉴 새 없이 달리는 자동차들의 물결에 갇힌 채 도시의 먼지를 까맣게 뒤집어쓰고도 그 자리를 떠나지 않는다.

경복궁에 한 걸음 한 걸음 천천히 다가서고 싶은 사람에게라면 참 좋은 곳이 있다. 세종로와 종로가 만나는 비각이 있는 곳이다. 도로방향표지판에는 비각이라고 써 있지만 현판을 보면 기념비전이다. 비전이라면 임금님과 상관이 있다. 궁궐의 전각들은 저마다 품격이 달랐다. '전殿'은 왕과 왕비, 대비와 관련된 전각들에만 붙인다. 근정전, 사정전, 강녕전, 교태전, 자경전이 바로 '전'이다. 대한제국대황제보령망육순어극사십년칭경기념비大韓

帝國大皇帝寶齡望六旬御極四十年稱慶紀念碑. 한자어가 낯설지만 뜻은 간단하다.

1902년은 고종 황제가 육순을 바라보는 나이인 51세가 되는 해이면서 왕위에 오른 지 40년이 되는 해였다. 당시에 황태자였던 순종 임금이 축하하는 잔치를 베풀었다. 이 일을 기념하기 위해 비를 세웠고, 기념비전은 그 비를 보호하기 위해 지은 건물이다.

기념비전은 경복궁 가는 길의 출발점으로 삼기에 좋다. 시끌벅적하게 사람 냄새를 풍겼을 운종가, 관청들이 즐비하게 늘어섰을 거리 풍경, 모두들 제 일을 하느라 이리저리 분주했을 옛사람들의 향기를 느껴볼 수 있다.

경복궁에 가는 길을 달리해보면 '여기서부터 경복궁이구나' 하고 느껴지는 것이 다르다. 두 발로 걷는 땅의 넓이만큼 경복궁을 만난다.

해보기

- 신발 끈 질끈 묶고 뚜벅뚜벅 걸어갈 준비하기.
- 기념비전 앞에서 안내문 읽기, 돌짐승들과도 눈 맞추기.
- 도로원표석을 찾아보고 이것이 무엇인지 알아보기.
- 광화문 광장, 경복궁, 북악산을 두 눈에 담은 뒤 광화문을 향해 힘차게 걷기.
- 언젠가 서울 성곽 길을 걷게 된다면 백악마루에 멈춰 서서 경복궁의 뒷모습을 바라보기.

2장

흥례문 영제교

경복궁은 크지 않다, 작지 않다

흥례문 앞에서

1392년에 조선이라는 나라가 세워졌다. 태조 임금은 1395년에 한양에 궁궐을 짓고 경복궁이라고 이름 지었다. 태종 임금 때 경회루가 크게 확장되었고, 세종 임금 때 교태전을 비롯해 여러 전각들이 들어서면서 궁궐의 모습을 갖추었다. 1592년에 임진왜란을 겪으며 경복궁은 파괴되었고, 제 주인을 잃은 채 이후 273년 동안 버려졌다.

겸재 정선은 영조 30년(1754년)에 이때의 경복궁을 그림으로 남겼다. 겸재가 그린 〈경복궁〉을 보면 궁궐의 위세는 사라지고 무성한 나무들, 경회루 연못과 그 곁에 몇 남지 않은 기둥만이 경복궁 터를 지키고 있다. 〈삼승조망도〉는 한 선비가 인왕산 자락 높은 곳에 위치한 삼승정이라는 정자에 앉아서 앞을 바라보고 있는 그림이다. 저 멀리 관악산까지 보이는데, 그림 안의 경복궁이 적막하고 쓸쓸해 보인다.

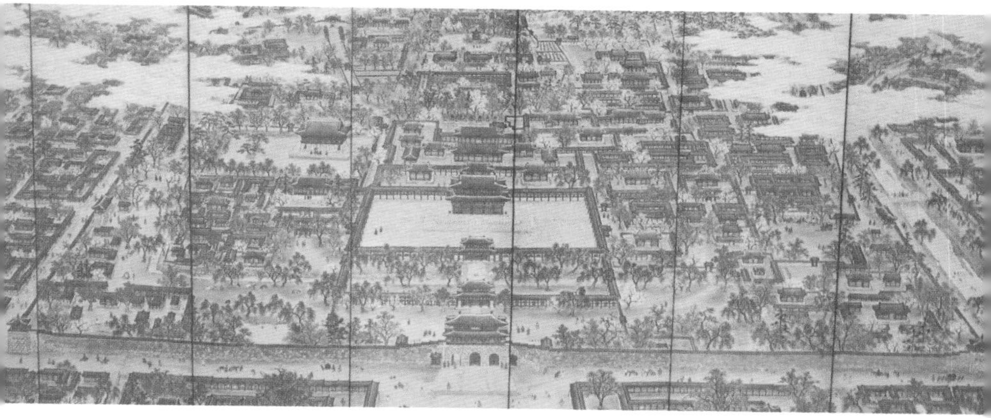

〈북궐도〉 일부(김학수 작품)

1865년 고종 2년에 흥선대원군이 대대적으로 공사를 시작했고 1867년 고종 4년에 경복궁이 중건되었다. 북궐도형을 보면 당시 경복궁(북쪽에 있는 궁궐)의 규모와 전각들의 배치를 알 수 있다. 오늘날 궁궐에 남아 있는 잔디밭은 옛 건물터들이다.

경복궁을 아는 사람 중에 경복궁이 아주 웅장하고 대단하고 어마어마한 곳이라고 말하는 사람은 별로 없다. 오히려 아담하고 단아한 곳이라고 말하는 사람들이 더 많다. 더러 경복궁은 한 나라의 궁궐이라고 하기엔 너무 작고 초라하다고 말하는 사람도 있다. 한 나라의 궁궐을 지으면서 왜 이렇게 작게 지었는지 모르겠다며 안타까움을 감추지 않는다.

경복궁이 작다고 말하는 사람들은 그 이유로 다음과 같은 것을 손꼽는다. 예를 들면 이런 것들이다.

'좋은 목재가 부족해서.'

'당시의 기술력으로는 크게 짓기 어려웠을 테니까.'

'우리나라 사람들이 원래 배포가 크지 못해서.'

'옛날엔 세계 여러 나라의 건축물들을 볼 기회가 없었을 테니까.'

옛날엔 지금과 달라서 그럴 수밖에 없다는 것이다.

조선에서 경복궁보다 더 크고 높은 건물은 없었다. 최고의 건축 재료와 최상의 공법들을 이용해 솜씨 좋은 장인들이 경복궁을 지었다. 경복궁이 지금보다 더 컸다면 어땠을까? 백성들이 감당해야 하는 짐도 그만큼 무거웠을 것이다. 반대로 더 작았더라면 어땠을까? 한 나라의 궁궐로서 위엄이 서지 않았을 것이다.

경복궁의 규모는 옛사람들이 처해 있던 여러 상황과 조건들 속에서 결정되었다. 어쩔 수 없기 때문이 아니라 최선을 다했다는 뜻이다. 세상에 눈에 보이는 것이 전부는 아니다. 경복궁은 눈에 보이는 건축물이면서 이것을 가능하게 했던 옛사람들의 사상과 철학이 함께 있는 공간이다.

생각해보기

그림이 다른 퍼즐 조각

경복궁은 규모면에서 중국 베이징의 자금성과 자주 비교된다. 경복궁은 작고 자금성은 크다는 것이다. 경복궁과 자금성만을 비교하면 경복궁은 아주 작고 자금성은 어마어마하게 크다. 하지만 이런 비교 자체는 별 의미 없다.

경복궁과 자금성은 서로 다른 자연환경에서, 서로 다른 사람들이 만든 퍼즐 판과 같다. 만약에 베이징에서 자금성만을 따로 떼어내어 서울 경복궁 자리에 그대로 옮겨 놓는다고 생각해보자. 그런데 자금성을 앉힐 수나 있을까? 성공했다고 치자. 전체적으로 어울리긴 할까? 북악과 인왕산은 뒤로 밀려나며 투덜대지는 않을까. 이제 서울에서 경복궁만을 떼어내어 그대로 자금성이 있던 자리에 놓아보자. 어떤 풍경일까? 궁궐이 너무 작아서 당당했던 멋은 사라지고 왜소해 보이지는 않을까.

©wikipedia

경복궁과 자금성은 전혀 다른 퍼즐 판을 구성하는 퍼즐 조각이다. 물리적인 크기만 보면 경복궁은 자금성에 비해 분명히 크지 않다. 하지만 경복궁의 규모는 자금성과 비교할 것이 아니다. 우리의 자연 특성과 그것을 인식하는 사람들의 마음을 통해 들여다보아야 제격이다.

백성 없는 왕이 무슨 소용인가? 궁궐은 백성들의 삶이 있는 곳과도 어울려야 좋다. 눈으로 보기에 작으면 초라해 보일 수 있다. 하지만 물리적으로 크다고 해서 반드시 대단해 보이는 것도 아니다. 인간 역사에서 물리적인 규모를 내세워 비뚤어진 권위를 강요하고 권력을 휘두름으로써 끝내 바람 앞에 놓인 종이집처럼 허망하게 무너져버린 예는 또 얼마나 흔한가.

'크다', '작다'를 결정하는 것은 사람이다. 있는 모습 그대로 소박하고 아름다울 수 있는 것, 허세 부리지 않으면서 당당하게 멋이 있는 것도 사람이 있기 때문이다.

우리에게는 '크다와 작다'를 두고 우리끼리 서로 자랑하는 일을 멈추어야만 하는 진짜 이유가 있다. 우리의 삶은 지구 안에 있고 지구는 무한하지 않다. 많은 것들을 품어줄 수 있는 지구이지만 그 품에는 한계가 있다. 지구의 한계는 우리 스스로 어느 지점에서 멈추어야 할지를 알려주는 지점이다. 무엇이 '크다, 작다'라고 할 때 기준으로 삼아야 하는 것은 지구의 자연이다. 할 수 있으나 하지 않을 수 있는 것, 스스로 규모의 경쟁을 멈출 수 있는 것은 지혜이며 용기이다.

이야기해보기

- 자신이 편하다고 느끼는 건물의 크기는 어느 정도인지, 왜 그런지 이야기해보기.
- 건물에 압도된 느낌이 있었다면 왜 그랬는지 이유를 설명해보기.
- 건물 앞에서 사람마다 느낌의 차이가 있는지 또는 공통점이 있는지 서로 이야기해보기.
- 도시에서 건물의 규모는 누가, 어떤 기준에 의해 정하는지 짚어보기.
- 내 방에 새 책상을 들여놓을 때 책상의 크기를 결정하는 가장 중요한 기준은 무엇인지 이야기해보기.

천록 앞에서 일시정지

영제교를 지나기 전

흥례문에 들어서서 몇 걸음 걸어 멈춘 자리에 수로가 있고 그 위에 돌다리가 놓였다. 수로는 어구, 다리는 영제교라고 불린다.

영제교 주변에는 늘 사람들이 무리지어 서성거린다. 경복궁 전체 배치도를 꼼꼼하게 살펴보는 사람들, 동선을 미리 짚어보는 사람들, 궁궐 해설을 듣기 위해 출발 시간을 기다리는 사람들, 아직 오지 않은 일행들을 기다리는 사람들이다.

흥례문을 통과한 사람이라도 영제교를 지날 때 누구나 거쳐야 하는 또 한 번의 절차가 있다. 천록에게 신분 확인을 받아야 한다. 신분 확인을 받아야 한다고 해서 공항 검색처럼 거창한 절차를 거쳐야 하는 것은 아니다.

천록은 상상의 동물이다. 몸이 길고 머리에 삼지창 같은 뿔이 달렸

영제교를 건널 때 볼 수 있는 천록 ©지숲

"기억해, 여기에서부터는 신성한 곳이야.
장난치거나 함부로 행동해서는 안 돼."

다. 영제교 다리 양쪽으로 천록이 두 마리씩 있는데 어구 쪽을 향해 나른한 듯 엎드렸다. 천록의 임무는 궁궐 안에 사악한 기운이 들어가지 못하도록 지키는 일이다. 영제교와 어구 쪽을 빈틈없이 감시하고 있는 중이다. 사악한 기운들이 몰래 숨어들려고 하다가 천록에게 잡히면 끝장이다. 목덜미를 잡혀 궁궐 밖으로 내쳐질 수 있다.

네 마리의 천록이 영제교를 지키고 있다는 소문을 들은 사람이 막상 영제교에서 천록을 보면 내심 의아해질 것이다. 천록들의 표정이 전혀 무섭지 않기 때문이다. 드러내놓고 장난스럽다. 서쪽에서 이쪽을 보며 웃고 있는 천록은 제 혀를 길게 내밀기까지 했다. 눈이 마주친 사람에게 '메롱' 하며 장난치듯 표정을 짓고서 얼굴에는 마치 이렇게 쓰여 있는 듯하다.

"난 척 보면 다 알아."

가히 달인의 표정이다. 어쩌면 천록이 사람들을 신뢰하고 있기 때문이리라. 천록은 사람들을 오래 붙잡아두진 않는다. 사람들의 등 뒤로 소리 없이 당부의 말을 잊지 않는다.

"기억해, 여기에서부터는 신성한 곳이야. 장난치거나 함부로 행동해서는 안 돼."

이내 천록은 또 다음 손님을 맞이하느라 바쁘다.

생각해보기

몸과 마음을 살피고 또 살펴라

태조 임금은 경복궁의 대문을 완성하면서 '정문'이라고 이름 지었다. 정문은 바른正 문門이라는 뜻이다. 문은 통로다. 사람이 드나들고, 온갖 물자들이 들어오고 나가는 곳이다.

옛사람들은 사람의 눈에 보이는 것뿐 아니라 눈에 보이지는 않지만 세상에 존재하는 기운들도 문을 통해 들어오고 나간다고 생각했다. 그래서 이곳에 정문을 세워 올바른 것은 들어오고 사악한 것은 들어오지 못하게 하려고 했다. 세종 임금 때 와서 '정문'은 '광화문'이 되었다. 광화光化는 빛이 사방을 덮고 감화가 사방에 미친다는 뜻이 있다. 이름은 달라졌으나 처음의 뜻은 변함이 없다.

오늘날 우리에게 정문은 올바른 것과 사악한 것을 분별하는 통로가 아니다. 물론 우리도 정문이라는 말을 쓰기는 쓴다. 예를 들면 "우리 이따가 수

업 끝나고 학교 정문 앞에서 만나자"라거나 "12시에 회사 정문 앞에서 만납시다"라는 등의 말을 일상에서 자주 쓰곤 한다. 하지만 단순히 어떤 건물의 입구 또는 장소의 의미를 넘어서지 않는다.

우리나라 중고등학교의 여느 아침 등굣길을 떠올려보면 학교 정문에 들어서자마자 누군가 그곳을 지키고 서 있고, 그 누군가의 시선망에 순간 잡혀서 점검을 받은 후 교실로 들어갈 수 있긴 하다. 청소년들이 가질 만한 기개가 있는지, 어떤 꿈을 품었는지, 친구에 대한 배려와 공부할 마음을 챙겼는지 등은 물론 아니다.

궁궐에는 천록말고도 잡상이 있다. 잡상은 지붕의 추녀마루에 자리를 차지하고 앉은 장식물이다. 기와로 만들었는데, 하늘로부터 사악한 기운이 들어오지 못하도록 하는 임무를 맡고 있다. 대개 잡상은 여러 개가 한 줄로 앉아 있다. 맨 앞에 야무지게 앉은 것은 사람의 모습이고 그 뒤를 이어 동물들의 모습을 하고 있다. 삼장법사와 그의 제자들인 손오공, 사오정, 저팔계일 것으로 짐작된다.

모든 전각에 잡상이 있는 것은 아니다. 전각에 따라 잡상이 한 개도 없거나 있어도 그 수에 차이가 있다. 잡상을 앉혀 전각의 격을 한층 높여주는 장식 효과도 있다. 경회루 지붕에는 잡상이 무려 열한 개나 있다.

눈을 들어 지붕을 한참이나 올려다봐도 하늘을 향해 다부지게 앉은 잡상들은 한 치의 미동도 없다. 교대 근무도 없고 쉬는 시간도 없어 보인다. 아마 정년퇴임도 없을 게다.

사람은 갈 수 없으나 궁궐 비둘기들은 잡상 주위에 자주 날아든다. 일정한 간격으로 줄 맞춰 앉은 잡상 사이사이에 앉기도 하고 날기도 하면서 잡상들이 근무를 잘하고 있는지 참견하고 있는 것은 아닐까.

얼굴 마주 보기

- 천록들과 눈인사하는 것으로 궁궐 출입 신고하기.
- 천록의 웃는 표정이 아무리 마음씨 좋아 보여도 함부로 장난치지 않기.
- 오늘날 CCTV가 통제할 수 있는 것들과 통제할 수 없는 것들은 무엇일지 이야기해보기. CCTV의 감시 없이도 우리 모두 함께 살기 좋은 학교, 마을, 동네, 도시를 만들 수 있을지 이야기해보기.
- 아침 등굣길, 학교 정문에서 어떤 지킴이가 우리를 맞아주면 좋을지 이야기해보기.

3장

근정전

소나무,
궁궐을 떠받치다

근정문에 들어서서

우리와 함께 살아오면서 이 땅에 역사가 된 나무들은 수없이 많다. 소나무는 조선에 들어와 주목을 받았다. 이 시기에 우리나라 숲 속 나무들은 그 종류와 수가 변화하고 있었는데 그때 주위에서 가장 많이 볼 수 있는 나무가 소나무였다. 사람들이 소나무의 생태적 특성을 아꼈고 생활의 쓸모들을 찾아내면서 소나무는 귀한 나무로 대접받았다.

궁궐을 소나무로 짓기로 결정한 것은 우연이 아니었다. 원래 소나무는 솔과 나무가 합쳐진 말이다. '솔'은 상上, 고高, 원元이라는 뜻을 지녔다. 많은 나무 중에서 소나무는 가장 으뜸이며 최고로 여겨졌다. 소나무로 궁궐을 짓는 것은 가장 크고 가장 높은 집을 짓는다는 것을 의미했다.

소나무는 집을 짓는 목재로서도 아주 뛰어나다. 겨울을 견디며 자라기 때문에 그만큼 재질이 단단하고 아주 튼튼하다. 송진이 있어 벌레를 막기에 좋고 나무의 트임도 적다. 결이 아름답고 사람이 다루기에도 좋다.

숲 속 소나무들은 많지만 우뚝 솟은 기둥 하나를 통째로 감당할 수 있는 소나무들을 찾기란 쉽지 않은 일이다. 나무의 키가 작거나 너무 휘어졌거나 몸통이 가는 소나무들은 궁궐을 감당하기에 힘에 부친다.

소나무가 단단한 목재일 뿐이라면 사람이 편리한 시간을 정하고 힘센 인부들을 불러 모아 소나무들을 빠른 시간 내에 베어내 산 아래로 끌어내리면 그만이었을 것이다. 옛사람들에게 소나무는 궁궐을 짓는데 필요한 목재 그 이상이었다. 아무리 궁궐을 짓는 일이 중요하다고 해도 궁궐 목재로 삼는 것은 소나무의 생명력을 끊는 일이었다. 옛사람들은 크고 오래된 나무들에게선 생명체가 뿜어내는 신령스러운 기운이 깃들어 있다고 여겼다. 그래서 큰 나무에 함부로 칼날을 들이대고 잘라내는 일을 삼갔다.

옛사람들은 궁궐 목재로 쓸 만한 숲 속 소나무를 찾았을 때 산을 내려와 다시 좋은 날을 정해서 산에 올랐다. 소나무 앞에 제물을 차리고 술을 올리며 인간으로서의 예의를 정중히 갖추었다. "소나무는 어명을 받으시오." 낭랑한 목소리가 숲 속 멀리 퍼져 나갔을 것이다. 소나무들은 기꺼이 궁궐 짓는 명을 받들었고 숲을 나와 사람들이 사는 세상으로 옮겨졌을 것이다.

나무에는 뿌리와 줄기 방향이 있다. 기둥을 세울 때도 방향이 있다.

궁궐을 떠받치는 소나무 ©지율

궁궐에서 소나무 기둥이 짊어진 것은
나무로서의 긍지와 자부심, 그리고 막중한 책임감이었다.

장승은 옛날에 마을 입구마다 한 쌍씩 세워져 사악한 기운이 마을로 들어오지 못하게 하는 마을 지킴이 역할을 했다. 장승은 보통의 나무들과 뭔가 달라야 했다. 그래서 사람들은 뿌리가 위를 향하게 장승을 세웠다. 하지만 집을 지을 때에는 뿌리가 아래를 향하고 줄기가 하늘을 향하게 기둥을 세웠다. 나무가 물구나무를 선 자세로 오랜 세월을 버텨야 했다면 괴로웠을 것이다. 집은 삶을 담는 그릇과도 같아서, 집 짓는 이들은 이곳에 사는 사람들이 나무처럼 번영하기를 바라는 마음을 집에 담았을 것이다.

예부터 자연 돌 위에 기둥을 세우는 독특한 기법이 있었다. 그렝이법이다. 자연 돌의 표면과 기둥의 바닥면을 마치 요철을 맞추듯이 기둥을 세운다. 그렇게 자연돌이 천연덕스럽게 앉았고 기둥이 안정감을 찾았다. 궁궐에서 소나무 기둥이 짊어진 것은 나무로서의 긍지와 자부심, 그리고 막중한 책임감이었다.

근정문에 들어서면 오른쪽으로 기둥들이 듬직하게 서 있다. 붉은 갈색 옷을 차려 입은 기둥들이 나무 줄기를 그대로 닮았다. 천천히 걷다가 걸음을 멈추고 가까이에 있는 기둥 하나에 가만히 손을 갖다 대어본다. 그때 마치 도미노가 시작되듯 날렵하게 쭉 뻗은 기둥들이 하나둘 멋진 소나무들로 변신하는 착각에 빠져든다. 생명이 깨어나는 소리를 따라 눈앞에 울창한 소나무 숲이 나타난다. 천 년 소나무 숲길에 접어들어 숲 속 소나무들과 소나무의 은혜를 잊지 않았던 옛 사람들의 마음을 만난다.

생각해보기

도시의 소나무는 지금 극기훈련 중

최근 도시의 소나무들이 많아졌다. 아파트, 대형 유통센터, 도시의 교차로마다 소나무들을 조밀하게 심었다. 소나무를 가까이에 두고, 그 기개와 절개, 높은 기상을 닮고 싶었을까.

2009년 4월 수유리의 한 버스 정류장에 소나무 길이 등장했다. 중앙차로 버스정류장에 소나무 가로수길이 등장한 것은 우리나라에서 처음 있는 일이라고 했다. 해당 구청에서는 버스를 기다리는 시민들에게 여름철에는 시원한 그늘을 주고 겨울에는 운치 있는 도시 경관을 제공해줄 수 있다고 자랑했다. 소나무들은 자신이 부여받은 임무를 알고 있기나 할까. 원래 소나무는 도시의 한가운데 살지 않았다. 척박한 곳에서 뿌리를 내리고 강한 생명력을 자랑하는 소나무이지만 도시에서 견뎌야 하는 것들은 소나무에게는 마냥 생소한 것들이다.

도시의 모습이 달라지면서 도시의 소나무 숲도 변화를 비껴갈 수 없다. 서울 강북구 수유리에는 솔밭 공원이 있다. 이제 도심에 얼마 남아 있지 않은 소나무 숲이다. 오래전에 사람들은 그냥 솔밭이라고 불렀다. 소나무들이 자연스럽게 무리지어 자라는 곳이었다.

몇 년 전 솔밭이 솔밭근린공원이라는 이름으로 새롭게 단장했다. 처음 공원이 개방되었을 때 소나무 숲에서 소풍을 즐기려는 사람들이 한꺼번에 몰려들자, 소나무를 보호하기 위해 나무 울타리가 세워졌다. 화강암 구조물이 세워지고 산책로가 정비되고 생태 연못이 생기더니 구불구불 흐르는 물길과 작은 폭포가 만들어졌다. 어떤 사람은 산책하고 운동하고 쉴 수 있는 장소가 생겼다고 좋아했고, 또 어떤 사람은 솔밭이 예전의 자연스러움을 잃었다고 안타까워했다.

도시 사람들은 가꾸고 보살피는 자연에 익숙해져서 그런지 자연 상태의 숲을 마치 방치된 숲처럼 느끼는 것 같다. 열심히 꾸미고 가꾼다. 있는 그대로의 자연을 밀어내고 그 자리에 인공적인 장식물을 앉혀놓고 흡족해한다.

도시 소나무들은 사람들 가까이에 살게 되면서 숲 속의 소나무들이라면 겪지 않아도 될 일들을 경험한다. 앞으로 십 년쯤 도시의 소나무들은 또 어떤 모습으로 사람들과 살고 있을까. 소나무 문화는 소나무와 사람들의 삶이 만난 자리에서 피어난다. 단순히 소나무 숲이 있고 사람들이 살고 있다고 해서 소나무 문화가 저절로 생겨나진 않는다. '숲'과 '나무'라는 단어에서 목재, 가구, 자원, 땔감, 나아가 삼림욕, 숲 해설, 둘레길 등을 먼저 떠올린다면, 그건 인간 중심적인 우리의 숲 문화를 표현해줄 뿐이다. 선조들은 소나무와 가까이 살면서 일상생활 속에서 맛과 멋, 나아가 삶의 정신에 이르기까지 자연스럽게 소나무 문화를 꽃피웠다. 옛사람들이 전해준 소나무 문화의 다음 이야기를 채우는 일은 이제 우리 몫이다.

찾아보기

- 도심 속 소나무들이 어떻게 살고 있는지 눈여겨 살펴보기.
- '은행나무집', '향나무집'처럼 나무 이름이 들어간 가게를 보았을 때 나무들이 어떻게 살고 있는지 찾아보기.
- 도시의 주차장, 또는 시멘트 포장이 된 도시 공간에서 힘겹게 살고 있는 나무들의 줄기 어루만져주기.

경복궁에
비가 내리네

비님 오시는 날엔 잠시 이곳에 서서

하늘에 구멍이라도 뚫린 듯 여름비가 쏟아지는 날, 이런 날은 경복궁에서 비님을 만나기에 참 좋은 날이다. 비 때문에 선뜻 집을 나서기가 망설여지지만 비가 오는 날에만 경험할 수 있는 것들이 있다. 그러니 우산 위로 세차게 퍼붓는 빗소리만큼이나 발걸음이 빨라진다.

평상시에 영제교 아래의 수로 바닥은 늘 말라 있다. 그런데 비 오는 날이면 마른 수로에 빗물이 채워지면서 그만큼 오랜 갈증이 풀어진다. 근정문에 들어서면 우산을 접어들고 통로를 따라 걷기에 좋다. 지붕이 덮여 있어 비 오는 날에 다니기에 편하다. 동쪽과 남쪽 가장자리가 만나는 곳에 서서 대각선 방향으로 보는 근정전이 아주 멋지다.

쏴–쏴–쏴– 시원스레 내리는 빗소리에 귀를 맡긴다. 비가 떨어지는 소리, 빗물이 구불구불 제 길을 만들며 흐르는 모습, 코끝으로 느껴지는 비의 냄새, 피부에 닿는 축축한 느낌이 한꺼번에 몰려든다. 빗소리를 듣고 있자니 '멀리 떠나 있는 그리운 이가 떠오른다'는 옛 시 한 구절이 절로 떠오른다. 서정적인 사람이 아니어도 저절로 시인이 된다.

근정전 앞마당은 그대로인데 맑은 날과 비 내리는 날의 분위기가 사뭇 다르다. 어도는 임금님의 행차를 위해서 만들어놓은 길이다. 그런데 비 오는 날에 보니 어도는 임금님만의 전용통로가 아니었다. 어도는 가운데가 가장 높고 주변으로 갈수록 낮아진다. 빗물이 어도에 착륙하자 부드럽게 미끄럼을 즐기며 자연스럽게 낮은 곳으로 흐른다.

조정의 바닥에는 박석이라고 부르는 납작납작한 화강암이 깔려 있다. 많은 사람들이 모이고 국가의 중요한 행사들을 치르는 곳이니 이렇게 꾸몄을 것이다. 돌을 깔았으니 흙이나 풀밭에 비해 아무래도 빗물이 흡수되는 양이 적다. 표면을 흐르는 빗물의 양이 많아진다. 그렇다고 크게 걱정할 것은 없다. 경복궁은 북악산의 산줄기가 자연스럽게 완만해지는 기울기를 그대로 두고 지어졌다. 전체적으로 경복궁의 북쪽이 남쪽에 비해 높다. 빗물이 자연경사를 따라 자연스럽게 남쪽으로 흐른다. 그리고 조정의 중앙에서 주변 가장자리로 모여든다. 이곳에 양쪽으로 배수구가 열려 있다. 산줄기가 만드는 자연경사를 이용하면 배수 펌프와 같은 특별한 장치가 필요 없다.

근정전에는 궁궐을 지을 때 자연경사를 어떻게 이용했는지를 보여주는 단서들이 있다. 예를 들면 근정전의 맨 아래쪽 기단은 남북으로

경복궁은 북악산의 산줄기가
자연스럽게 완만해지는 기울기를 그대로 두고 지어졌다.
전체적으로 경복궁의 북쪽이 남쪽에 비해 높다.
빗물이 자연경사를 따라 자연스럽게 남쪽으로 흐른다.

높이 차이가 있다. 동쪽 행각을 보면 북쪽에서 남쪽 방향으로 길게 지붕을 덮었는데, 지붕이 내려오면서 사뿐사뿐 자연스럽게 단을 낮추었다. 통로가 되는 바닥에는 마치 계단처럼 가로지르는 단을 만들었다. 지붕과 바닥 모두 땅의 경사를 살려 지었다. 물론 배수구가 있는 쪽의 기단이 더 높다.

비 오는 날엔 찾아오는 손님이 많지 않아 조용하고 한적하다. 근정전 돌짐승들이 하늘에서 시원스레 뿌려주는 빗줄기에 목욕을 하는 날이다. 빗소리마저 경쾌하다.

근정전 조정을 벗어나면 경복궁 안은 흙 마당이다. 흙이 빗물을 빠르게 흡수해주기 때문에 빗속을 걸어다녀도 전혀 질퍽거리지 않는다. 흙 마당 위에 빗물이 구불구불 자연스럽게 길을 만드는데, 강물이 구불구불 흘러 바다로 가는 모습과 겹쳐진다.

곳곳에 화강암으로 멋을 낸 배수구들이 비가 오기를 기다리는 중이다. 혹시라도 비님이 구중궁궐에서 길을 잃지 않고 궁궐 밖으로 잘 빠져나갈 수 있게 수로를 친절히 안내해준다.

생각해보기

비 손님이 들려주는 이야기

- 기와지붕이 'ㅅ'자형이잖아, 흘러내리기에 좋아.
- 우리 때문에 집이 비 피해를 입었다면 괜히 미안해지잖아. 기와가 있어서 정말 다행이야.
- 막새기와들은 보기에도 예뻐. 그런데 우리 때문에라도 꼭 필요했을 거야.
- 경복궁 대청소에는 역시 우리가 최고야.
- 기단을 높이면 땅의 습기와 빗물을 다스리기에도 좋아.
- 처마의 길이가 지금보다 짧았다면 전각에 비가 들이치고 말았을 거야. 처마 아래에서 빗소리를 듣는 일이 그리 행복하지도 않았을걸.
- 자연경사를 따라 천천히 흘러도 되니까 불안하지 않아.
- 화강암으로 네모지게 만든 배수구에 세 개의 구멍이 있잖아. 그건 하

늘, 땅, 사람을 뜻해.

- 구중궁궐에 가로지른 담장이 많지만 너무 걱정하지 마. 담장 아래에 우리를 위한 통로가 있거든.
- 근정전 마당에서 월대 바닥을 한번 봐. 건물 쪽이 마당 쪽보다 높지. 그래서 물이 안 고여.
- 수로는 눈에 보이는 것도 있고 땅 속에 숨겨진 것도 있어. 서로 연결되어 있어서 물길을 못 찾아 헤맬 염려는 없지.
- 언젠가 다시 바다로 돌아갈 거야. 바다에 이르면 새로운 여행을 시작해야지. 다시 올게.

빗물이 들려주는 이런저런 이야기를 듣노라면 새롭게 눈에 보이는 것들이 있다. 집을 지을 때 터를 다듬고 건물의 기초가 되는 단을 쌓는데, 이를 기단이라고 한다. 기단을 쌓고 건물을 올리면 땅의 습기가 집안으로 달려들지 않는다. 기단이 높으면 땅과 건물이 놓인 곳의 높이 차이가 커지기 때문에 계단을 만든다. 발을 딛는 계단 면에 살짝 경사를 주었을 뿐인데 빗물이 고이지 않는 효과가 있다.

지붕의 처마 길이는 여름에는 강한 햇빛을 막아주고 겨울에는 방 안 깊숙이 해를 들일 수 있을 정도로 낸다. 한편 비가 오면 우산을 씌워주듯 기단을 덮어준다.

기와는 여름에 비가 많고 겨울에 눈이 많이 내리는 우리나라의 기후 조건에서 쓸모가 많았다. 기와는 흙과 불, 옛사람의 솜씨가 낳은 합작품이

다. 햇빛에 강하고 눈과 빗물이 잘 새지 않으며 겨울에는 잘 얼어터지지 않는다. 건물의 나무가 빗물에 썩지 않게 보호도 해준다. 빗물에 잘 씻긴 기와는 반질반질하게 윤기가 더해져 푸른 바다를 헤엄치는 고래의 등을 닮았다. 기와는 잘 만들어야 하지만 지붕을 덮는 일에도 솜씨와 경험이 필요하다. 지붕의 경사가 급하면 기와가 흘러내릴 염려가 있고, 경사가 완만하면 비가 샐 수 있기 때문이다. 지붕과 지붕이 만나는 모서리에 골을 내기도 하는데, 지붕의 빗물이 분산되어 잘 흘러갈 수 있다.

막새기와는 기와를 마감할 때 덮는 기와이다. 암기와는 암막새, 수기와는 수막새라고 부른다. 특히 암막새는 한쪽이 반달 모양인데 바깥쪽으로 약간 들려 있어 빗물이 처마에서 마당 쪽으로 떨어지게 돕는다. 살짝 들려진 지붕의 네 귀퉁이마다 추녀가 하나씩 달려 있는데 추녀가 비를 맞으면 나무가 썩는다. 그래서 추녀 끝이 빗물에 젖지 않게 쇠로 만든 보호 장치를 씌웠는데, 이것을 토수라고 한다. 토수는 옛날 여인들이 바느질할 때 바늘에 찔리지 않게 손가락 끝에 끼우던 골무를 닮았다. 옛사람들이 지구 물 손님을 맞이하고 보내는 마음은 이렇듯 정성스럽고 예사롭지 않았다.

해보기

- 비 오는 날 경복궁에서 오감 체험해보기.
- 어도는 어디에서 시작해서 어디에서 끝나는지 찾아 걸어보기.
- 근정전 월대를 걸으며 바닥의 경사를 몸으로 느껴보기.
- 근정전이 있는 곳에서 자연경사를 그대로 이용했던 단서들을 찾아보기.
- 근정전에서 향원지 방향으로, 다시 방향을 바꾸어 걸으며 비가 가는 길을 따라 걸어보기.

울퉁불퉁하게, 크기도 다르게 솜씨를 부렸네

박석을 걸으며

마음 가는 대로 이렇게 저렇게 종이를 손으로 찢으면 여러 개의 종잇조각들이 만들어진다. 색종이는 색종이대로, 신문지는 신문지대로, 약간의 두께가 있는 잡지책은 잡지책대로 느낌이 있다. 색이 있으면 있는 대로, 없으면 없는 대로, 종이의 결, 질감, 색과 무늬들을 살릴 수 있다. 크기는 비슷하게 할 수 있어도 모양은 제각각이다. 누구나 한 번쯤 종잇조각들을 이리저리 맞춰보면서 풀로 붙여 작품을 완성해 본 적이 있을 것이다. 종이가 찢겨지면서 살짝 드러난 속살에선 솔직함이 드러난다. 획일적으로 크기를 맞추고 정교하게 잘라서 붙인 것에서는 느낄 수 없는 자유로움도 맛볼 수 있다. 종잇조각들의 모양이 제각각 다르다 보니 조각과 조각 사이에 자연스럽게 여백이 생겨난다.

종이라면 쉽게 할 수 있는 일을 돌을 가지고 한다면 어떨까? 그것도 화강암처럼 단단한 돌을 가지고서 말이다. 돌을 얇게 잘라서 화강암 조각들을 만들고 그 조각들을 이용해 땅을 포장할 수가 있을까. 경복궁에는 그런 일을 해낸 곳이 있다.

근정전 마당에는 화강암은 화강암인데 여러 개의 암석 조각들이 여기저기 아무렇게나 널린 듯 깔려 있다. 경복궁을 찾아오는 사람들 중에는 간혹 옛날에 누군지는 몰라도 아무렇게나 잘라서 대충 덮었다고 탓하는 사람이 없지 않다. 그런데 설마 궁궐의 앞마당을 그렇게 성의 없이 꾸몄을 리가 있겠는가.

오늘날 도시의 대형 건물 진입로를 떠올리면 그렇게 생각할 수도 있다. 똑같은 크기로 석재들을 매끈하게 다듬어서 사이사이에 빈틈 하나 없이 줄을 맞춰 반듯하게 포장한 곳이 참 많기도 하다. 그런 장소에 익숙해 있다가 이런 곳에 오면 낯설기 마련이다.

박석은 화강암을 얇은 판으로 떼어낸 것이다. 단단한 돌을 적당한 두께의 판으로 떼어내는 것은 작업을 하는 사람에게 위험한 일이기도 했거니와 상당한 기술을 필요로 했다. 너무 얇으면 밟았을 때 깨지기 쉽고, 너무 두꺼우면 바닥에 깔았을 때 높이가 맞지 않는다.

천천히 걸으면서 박석들의 생김새를 살펴보자니 울

박석 위에서 노니는 비둘기 ©지숲

천천히 걸으면서 박석들의 생김새를 살펴보자니
울퉁불퉁하고 반듯한 것이 하나도 없다.

퉁불퉁하고 반듯한 것이 하나도 없다. 어떤 것은 크고, 어떤 것은 작고, 어떤 것은 넓고, 또 어떤 것은 좁다. 아주 심한 차이는 없지만 정해진 규격도 없다.

박석을 걷다 보면 쇠고리가 박혀 있는 것도 보게 된다. 옛날에 조정에서 행사를 할 때 햇빛을 가릴 수 있게 천막을 쳤던 고리들이다. 박석에 햇빛이 내려앉으면 난반사가 일어나 근정전 안을 은은하게 비춘다. 햇빛 좋은 날에 근정전 안을 들여다보면 생각보다 환하다는 것을 실감하게 된다. 사람이 정성껏 만들었으나 보기엔 그저 자연스럽다.

생각해보기

틈새에서 도시의 봄을 알리네

박석 사이사이에 틈새들이 있다. 틈이 좁으니 그 틈이 내어줄 수 있을 만큼의 생명이 자란다. 흙이 뿌리를 덮어주고 햇빛이 내려앉고 빗물이 찾아온다. 틈새를 비집고 주름잎, 개미자리, 벼룩이자리, 애기땅빈대가 뿌리를 내렸다. 꽃다지와 씀바귀도 자란다. 주름잎에 보라색 작은 꽃들이 피고 꽃다지도 노란 꽃을 피워낸다. 사람들의 발길이 오가는 이곳에 작은 생명들이 자란다. 박석 위를 걷는 사람들 중에는 더러 키 작은 풀들을 알아보는 사람도 있다. 하지만 사람들이 자신들을 몰라보거나 말거나, 이름 모를 잡초라는 하나의 이름으로 뭉뚱그려 말해도 별로 아쉽지 않다. 궁궐이 어디라고 감히 잡초가 자리를 잡았느냐며 소란을 떨지 않는 것이 오히려 고맙다. '잡초 제거'라는 명목으로 일시에 뿌리 뽑혀 내팽개쳐지면서도 끈질기게 살아온 잡초들이 아니던가. '잡초라는 이름의 풀 뽑아내기'는 근정전 마

당도 예외가 아니다. 한여름 뙤약볕 아래에서 모자를 푹 눌러 쓴 사람들이 한 줄로 쭈그리고 앉아 박석 사이의 잡초들을 열심히 뽑아내는 모습을 본 적이 있다. 시들어진 잡초들은 자루에 담겨 어디론가 사라진다. 그런데 얼마 지나지 않아 키 작은 풀들은 틈새를 비집고 다시 얼굴을 내민다. 누군가에게는 성가신 일이겠지만 또 누군가에게는 반가운 만남이다.

궁궐에 터 잡아 사는 도시 비둘기들은 박석 위에 자주 내려앉는다. 때를 기다려 풀씨를 쪼아먹는다. 눈여겨보면 바로 가까이에서 틈을 노리는 비둘기들을 볼 수 있다. 근정전 용마루에도 올라가 앉았고, 잡상 사이에 숨어 기회를 살핀다. 월대의 계단 기둥에도 앉았고 돌짐승의 머리 꼭대기에도 보란 듯 자리를 잡았다. 박석의 틈새에서 살아가는 작은 풀들과 도시의 새들을 잇는 생명의 끈이 오래오래 끊어지지 않기를.

아스팔트, 보도블록, 시멘트로 뒤덮인 도시에도 틈을 모조리 없애진 못했다. 자연은 그 틈에서도 생명을 키워낸다. 보도블록과 보도블록의 사이에서 민들레와 냉이가 꽃을 피우고, 아스팔트와 시멘트가 덮인 길의 가장

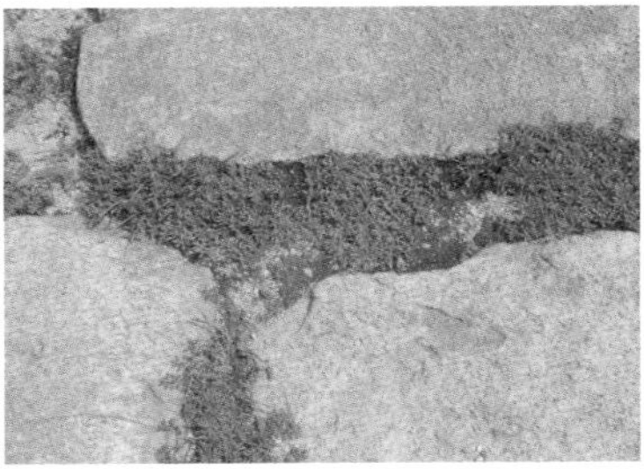

자리를 따라 개망초, 질경이, 달맞이꽃, 꽃마리가 수줍게 꽃을 피운다. 좁은 틈새를 비집고 줄기를 꼿꼿이 세운 자연 친구들은 견고한 도시에서 살아가는 우리들에게 봄이 왔음을 알려준다.

우리가 자주 듣는 말 중에 틈과 관련된 것들이 있다. "다른 사람에게 틈을 보이면 허술해 보일 수 있어. 절대로 틈을 보이지 말아야 해." 그런데 이와 정반대의 말도 있다. "사람이 너무 빈틈이 없으면 답답하고 인간미가 없어." 누구 말을 따라야 할까.

어찌 되었든 생태계 안에서 틈은 또 하나의 소중한 생명 자리인 것이 분명하다. 생명이 깃들고 자연이 그 생명을 키운다. 정말이지 자연의 틈새 전략은 빈틈이 없다.

이야기해보기

- 도시 통행로를 꾸미는 방법이 다양해지고 있다. 잡초의 입장에서 살펴보기.
- 자연의 틈새 전략과 사람의 틈새 전략의 차이에 대해 이야기해보기.

이곳엔
지구 동물들이 참 많아

이층 월대 돌짐승을 만나야지

사람들은 근정전에 지구 동물들이 있다는 것을 쉽게 눈치 채지 못한다. 사람들이 자신들의 정체를 눈치 챌세라 나름대로 전략을 갖고 있기 때문이다. 화강암 돌옷을 입고 죽은 척 가만히 앉아 있거나 그림의 일부가 되어 그림인 척 시치미를 떼고 있다. 그렇다고 벽장 속에 숨어 누군가를 기다리는 개구쟁이처럼 사람들이 자신을 못 알아보고 그냥 지나치면 아쉽다. 근정전 수비대인 사방신들과 십이지 동물들은 어디에 숨었을까.

사방신은 동서남북 사방위를 지키는 상상의 동물들이다. 하늘의 별자리와 관련이 있다. 태양이 일 년 동안 가는 길을 황도라고 하는데, 그 길에 있는 28개의 별자리를 28수라고 부른다. 28수는 동-서-남-북 사방위에 각각 7개의 별자리로 나뉜다. 동쪽의 일곱 별자리는 동방칠수, 서쪽의 일곱 별자리는 서방칠수, 남쪽의 일곱 별자리는 남방칠수, 북쪽의 일곱 별자리는 북방칠수이다. 각각 부르는 이름들이 있다.

동방칠수 각, 항, 저, 방, 심, 미, 기 / **북방칠수** 두, 우, 여, 허, 위, 실, 벽

서방칠수 규, 루, 위, 묘, 필, 자, 삼 / **남방칠수** 정, 귀, 유, 성, 장, 익, 진

한자어라고 어려워할 건 없다. 도–개–걸–윷–모를 외치며 윷놀이를 하고 도–레–미–파–솔–라–시–도를 배워 노래를 부르지 않던가.

점선 잇기 놀이를 하듯 동쪽 하늘의 일곱 개 별자리인 각–항–저–방–심–미–기를 순서대로 이어보자. 뿔–목–가슴–배–엉덩이–꼬리의 모습이 드러나면서 숨어 있던 청룡이 힘차게 등장한다. 서쪽 하늘에서 규–루–위–묘–필–자–삼 일곱 개의 별자리들이 백호를, 북쪽에선 현무, 남쪽에서는 주작이 멋지게 살아 오른다. 좌청룡, 우백호, 남주작, 북현무를 사방신이라고 한다.

근정전엔 사방신들이 돌짐승 옷을 입고 있는 듯 없는 듯 사방위를 지키고 있다. 이곳엔 십이지 동물들도 있다. 열두 동물은 자(쥐), 축(소), 인(호랑이), 묘(토끼), 진(용), 사(뱀), 오(말), 미(양), 신(원숭이), 유(닭), 술(개), 해(돼지)이다. 여기 십이지 동물들의 모습은 갑옷을 입고 한 손에 무기를 움켜쥔 무시무시한 호위무사의 모습이 아니다. 갑옷도 벗었고 무기도 들지 않았고 앉은 모양새도 편안하다.

경복궁의 사방신 ©지숲

근정전엔 사방신들이 돌짐승 옷을 입고
있는 듯 없는 듯 사방위를 지키고 있다.
좌청룡, 우백호, 남주작, 북현무를 사방신이라고 한다.

근정전 계단을 유심히 살펴보시라. 계단은 동쪽과 서쪽에 각각 두 개씩이고 남쪽과 북쪽엔 하나씩이다. 근정전 남쪽으로 조정이 열려 있어 제일 공을 들였다. 사방신과 십이지 동물은 근정전의 일층과 이층의 월대, 동서남북에 있는 계단 기둥마다 자리 잡았다. 계단의 양쪽으로 암수가 한 쌍씩 마주 보고 있다. 눈으로 보아 암수를 구별하기란 쉽지 않다.

사방신인 좌청룡, 우백호, 북현무, 남주작은 높은 지위를 인정받아 월대 2층에 동서남북 방위를 따져 앉았다. 십이지 동물들의 자리 배치는 흥미롭다. 먼저 동쪽으로 1층에 토끼 한 쌍, 소 한 쌍, 2층에 청룡 한 쌍과 뱀 한 쌍, 북쪽으로 1층에 쥐 한 쌍, 2층에 현무 한 쌍이 있다. 서쪽 1층에 닭 한 쌍, 원숭이 한 쌍, 2층에 백호 한 쌍, 양 한 쌍이 있다. 남쪽으로 2층 계단이 시작되는 곳에 말 한 쌍, 계단이 끝나는 곳에 주작 한 쌍이 있다.

사방신인 청룡과 십이지 동물인 뱀은 긴 꼬리가 돌돌 말려 있는 모양이 닮았지만 가까이에서 보면 생김새가 많이 다르다. 어찌 용과 뱀이 다르지 않겠는가. 북쪽의 쥐와 현무를 보면 둘 사이가 어색하고 눈길을 주는 사람들이 별로 없어서 그런지 조금 심심해 보인다. 그나저나 백호 앞에 앉은 양이라니 참 겁도 없다. 가을날에 남쪽 계단참에서서 하늘을 올려다보면 흰 구름 사이로 힘차게 달리는 말의 말발굽 소리가 들리는 것 같다.

사방신들은 방위에 따라 동서남북 제자리에 앉아서 공간을 표시하고, 십이지 동물들은 시간을 나타낸다. 공간과 시간은 곧 우주를 뜻한다. 북쪽의 쥐(자시)와 남쪽의 말(오시)을 수직으로 이으면 자오선이, 한편 동쪽의 토끼(묘시)와 서쪽의 닭(유시)을 수평으로 이으면 묘유선이 그려진다. 자시는 밤 12시, 오시는 낮 12시, 묘시는 오전 6시, 유시는 저녁 6시이다. 시간의 기준 축이다. 근정전 수비대에 개(술시)와 돼지(해시)는 자리를 얻지 못했다. 무슨 이유였을까? 그런데 호랑이(인시)와 용(진시)도 보이지 않는다. 혹시 십이지 동물의 용은 사방신의 좌청룡에게, 호랑이는 우백호에게 근정전 수비 근무를 면제 받기라도 했을까. 그 사연이 정말 궁금하다.

돌짐승들은 체구가 비슷한 데다가 모두 화강암 옷을 입고 있어서 얼핏 비슷비슷해 보인다. 하지만 얼굴 표정, 생김새, 개성이 뚜렷하다. 근정전 조정에 서서 마법사의 마술 지팡이를 손에 쥐고 있다고 상상하며 힘차게 두드려보자. 사방신들이 하늘 높이 솟아오르는 것을 시작으로 우린 지구 동물들의 수호를 받으며 우주를 만나게 될 것이다.

생각해보기

무섭거나 귀엽거나 가엾거나 맛있거나

어느 날 '지구에 사는 모든 동물들은 한 마리도 빠지지 말고 근정전 앞마당에 모여주십시오'라는 초청장을 받았다고 상상해보자. 유연 관계와 계통에 따라 자리를 잡고 선다면 인간의 자리는 어디쯤일까. 척추동물 가족들이 있는 곳에서 포유류 가족들이 있는 곳, 다시 영장류 가족들이 모인 곳, 그 어디쯤이 될 것이다. 제자리를 찾았다고 숨을 돌릴 때쯤 그리 멀지 않은 곳에 침팬지, 오랑우탄, 고릴라 가족들이 서 있는 것을 보게 될 것이다.

인간은 자기도 지구 동물 가족이면서 동물로 분류되거나 불리기를 아주 싫어한다. 동물과는 근본적으로 다른 아주 특별한 존재라고 자부하고 싶어 한다. 인간은 자연을 극복했다고 자랑하지만 자연을 벗어난 적이 없다. 자연을 이용하는 기술이 발전했을 뿐이다. 첨단 과학기술을 발명했고 놀라운 세상을 열었다고 자랑하지만 세상엔 과학기술만으로 풀어낼 수 없는 것들

이 여전히 넘쳐난다.

인간의 인식과 행위 범위는 정치, 경제, 사회, 문화, 종교, 교육 등 전 영역에 걸쳐 있다. 이 모든 것의 바탕에 지구 생물로서의 인간이 존재한다. 인간이 생명을 유지하는 기본 법칙은 지구 생명 법칙을 따른다. 태아가 어머니의 자궁에서 탯줄로 연결되어 있듯이 자연에서 생명 에너지를 공급받는다. 그럼에도 인간은 지구 동물 가족들에 대해 너무 가혹하고 매정하다.

개척과 개발이라는 이름으로 인간은 지구 생물들의 서식지들을 조각내고 없애는 일을 서슴지 않았다. 넓은 서식지를 필요로 하는 큰 동물들은 사라졌거나 몸을 감추었다. 더 이상 갈 곳이 없는 동물들은 더러 동물원에 갇혔다.

동물원 밖에도 지구 동물들이 있다. 사람들의 품에 안겨 온갖 귀여움과 호사를 누리는 애완 동물들, 사람들에게 삶의 위안이 되는 반려 동물들, 일

방적으로 애정 공세와 보호를 받는 것이 아니라 사람들을 돕는 동물들도 있다. 각종 재난 현장에서 생존자들을 구하기 위해 특별히 훈련된 구조견들, 앞을 볼 수 없는 사람들에게 길을 안내해주는 안내견들도 있다. 이외에도 사람들에게 버림을 받았거나 보호를 받지 못하는 유기 동물들도 있다.

평상시에 동물원의 동물들, 애완 동물, 반려 동물, 유기 동물들을 만날 기회가 별로 없는 사람들이 지구 동물과 가장 많이 접하는 상황은 과연 무엇일까. 그것은 소고기, 돼지고기, 닭고기, 오리고기처럼 '고기'라는 이름으로 요리의 재료가 되어 우리에게 먹을 것으로 취급되는 상황일 것이다.

지구 동물들 중에서 특정 동물들이 어떻게 가축이라는 이름을 얻었으며, 또 어떻게 상품이 되어 시장에 유통되고 소비되는지, 사람들의 삶과 어떻게 서로 연결되는지에 대한 이해 없이 '고기, 육류, 가격, 소비, 가축, 국내산, 수입산, 양계장, 축산업, 정육점, 한우' 등의 단어로 파편화되어 만나는 현실은 안타깝다.

우리가 음식을 먹는 이유는 우리 스스로 생명 에너지를 만들 수 없기 때문이다. 살아가기 위해선 에너지가 필요하다. 요리는 사람이 하지만 요리의 재료는 모두 자연에서 온다. '사람이 밥값하며 살아야 한다'는 말은, 사는 일이 어쩔 수 없이 다른 생명에게 빚을 지는 일이라는 점을 떠올리게 한다.

지구 동물들의 슬픈 현실은 아직 더 남아 있다. 서식지가 파괴되어 멸종위기에 내몰린 동물들, 어미를 잃고 동물보호소에 맡겨진 어린 새끼들, 먹을 것을 찾아 마을로 내려온 멧돼지들, 비싼 약재로 취급되어 올무에 잡힌 동물들, 차들이 질주하는 도로에서 생명을 잃는 고라니와 같은 동물들, 주택가 도로에서 차에 치인 고양이도 심심치 않게 볼 수 있다. 알든 모르든 우리는 지구 동물들과 생명의 끈으로 촘촘하게 연결되어 살고 있다.

지구 동물들은 처음부터 인간의 보호를 받고 통제를 당할 만큼 나약한 존재가 아니었다. 인간의 간섭이 필요하지 않았으며 고유한 생명체로서 무시할 수 없는 존재감을 지니고 있었다. 서로 잡아먹고 잡아먹히는 관계는 있었으나 생태계의 질서 안에서 지나치는 법이 없었다. 인간은 자신들이 세운 거대한 도시 안에서 안전하다고 느끼면서 어느새 지구 동물들의 삶을 잊었다. 생태계 안에서 멋지고 활기차게 살았던 지구 동물들은 지금 모두 어디로 갔을까.

해보기

- 보기에 닮았으나 알고 보면 전혀 다른 동물들이 있다. 찬찬히 특징을 살펴서 차이 인정하기.

  사방신의 좌청룡(동쪽)과 십이지 동물의 뱀(동쪽)
  사방신의 주작(남쪽)과 십이지 동물의 닭(서쪽)
  십이지 동물의 소(동쪽)와 양(서쪽)
  해태(남쪽)와 사방신의 우백호(서쪽)

- 햇빛 조명을 받았을 때 돌짐승들의 살아 있는 얼굴 표정들을 사진으로 찍어보기.
- 난간 아래 모퉁이에 있는 해태 가족 만나기. 하지만 어린 해태를 놀래지 않기.
- 〈지구 동물 발언대〉 : 근정전 동물들을 한 사람씩 찾아가 지구 사람들에게 전하고 싶은 이야기를 받아적은 다음 대신 전해주기.

자연의 화기를 감지한 사람들

드므, 근정전 계단에 숨었네

드므는 넓적하게 생긴 큰 독을 뜻하는 우리말이다. 살림집에서 사용하는 큰 항아리도 드므라고 부른다. 창덕궁의 인정전과 선정전, 창경궁의 명정전, 경희궁의 숭정문 앞에도 있다. 근정전의 드므는 다른 궁궐의 드므보다 더 크고 더 넓적하다. 손잡이도 없다. 표면에는 해, 달, 별, 구름, 바람을 상징하는 무늬들을 새겼다. 튼튼하고 잘 생겼다.

경복궁에 한 번쯤 와본 아이들이라면 드므가 무엇에 쓰는 물건인지 너무나 잘 안다. 드므 주위에 빙 둘러서서는 인솔하시는 분이 질문이라도 하면 기다렸다는 듯이 화마가 이곳에 왔다가 드므에 비친 제 얼굴을 보고 너무나 무서워 놀라 저 멀리 도망갔다는 이야기, 그렇게 하여 경복궁에 화재가 일어나지 않도록 미연에 막았다는 이야기들을 약간은 뽐내듯 대답한다. 그런데 언제부턴가 드므에 유리 덮개가 덮였다. 아쉽다. 원래처럼 물이 찰랑찰랑 담겨 있어 아이들이 드므에 제 얼굴을 비춰볼 수 있다면 훨씬 실감이 날 텐데.

21세기의 아이들은 드므가 조금은 미덥지 못한 모양이다. 몇몇 아이들은 드므를 들여다보며 어떻게 이렇게 적은 물로 불을 끌 수 있다는 건지 코끝에 의심이 묻어난다. 드므는 방화수라기보다는 화마라는 별명이 있는 불귀신 이야기와 더 잘 어울린다.

경복궁은 남쪽을 향해 있다. 그 앞으로 두 개의 산이 있는데 안쪽에 남산, 그 바깥에 관악산이 있다. 풍수에 따르면 관악산은 화기가 강한 산이다. 그래서 선조들은 관악산의 화기를 누그러뜨리고 경복궁을 화기로부터 보호하는 일에 골몰했다. 관악산에 화재가 일어난 것도 아니고 또 관악산은 한강 저 너머에 있는데 미리부터 화기를 걱정해 대책을 세웠다니 지금 우리에겐 이해가 안 될 수도 있다. 풍수, 산, 화기, 불에 대한 이야기를 조금 더 해보자.

풍수 사상에서 땅은 생명력이 있는 살아 있는 존재이다. 풍수가는 산이 주는 느낌에도 관심이 많아서, 산이 어떻게 생겼고, 흙이 많은지, 바위가 많은지, 흙은 어떤 종류인지 등을 따져 산의 특성을 살핀다. 그리고 목木, 화火, 토土, 금金, 수水의 오행에 따라 목산, 화산, 토산, 금산, 수산으로 나눈다. 관악산은 산의 생김새가 마치 불꽃이 타오르는 모양이니 화火산으로 분류된다.

옛사람들은 이 우주를 구성하고 천지 만물을 만들고 변화하게 하는 다섯 가지 기운이 있다고 여겼다. 수기, 목기, 화기, 토기, 금기가 바

드므는 넓적하게 생긴 큰 독을 뜻하는 우리말이다.

로 오행이다. 물은 수기, 나무는 목기, 불은 화기, 흙은 토기, 쇠는 금기를 대표한다. 하지만 기는 우리 눈에 보이고 만져지는 구체적인 물질이 아니라 그러한 특성이다. 기氣가 무엇인지 과학적으로 분석하고 명쾌하게 설명하긴 쉽지 않다. 과학적으로 증명할 수 없다는 이유로 그동안 모호하고 추상적이며 비과학적인 것으로 여겨지기도 했다. 기는 사람이 몸과 마음으로 느껴지는 것에 가까워서 오랜 경험을 통해 터득한 것이다.

오행에서 화기는 밝게 하고, 따뜻하게 하고, 부드럽게 하며, 활기를 주고, 양적으로 성장하게 하는 자연의 기운이다. 여름이 덥고 나뭇잎이 무성해지는 것은 화기의 작용이다. 그런데 화기가 균형을 잃어 부족하거나 지나치게 강한 경우엔 사정이 달라진다.

옛사람들은 관악산의 화기가 강해 나무로 지어진 경복궁에 영향을 줄 수 있다고 여겼다. 그래서 경복궁에는 창건 당시부터 화재를 막기 위한 세심한 대책들이 있었다.

오행의 상호 관계에서 화기를 가장 잘 막을 수 있는 것은 수기다. 그래서 경회루 연못을 넓히고 부족한 수기를 보완하고자 했다. 화기를 다스리기 위해 연못을 파는 것은 풍수의 비보 대책 중 하나이다. 비보는 사람들이 땅의 특성을 살펴 부족한 것이 있으면 채우고, 지나친 것은 누르거나 다스리는 방법을 말한다. 예로부터 나무를 심고, 연못을 파고, 남근석을 세우고, 돌무더기를 쌓았던 것들이 모두 비보 대책들이었다.

몇 년 전 경회루 연못을 준설할 때 용이 출토되었다고 한다. 현재 국립고궁박물관에 전시되어 있다. 용이 물을 다스리는 능력이 있다고 여겨 구리로 만든 용을 연못에 가라앉혔을 것이다.

근정전을 복원할 때 방화 부적들도 발견되었다고 한다. 수水자를 세 개 쓴 것과 용龍자를 세 개 쓴 것인데, 화기를 막는 데 물과 용의 힘을 빌렸음을 알 수 있다.

실질적인 대책들도 있었다. 궐내각사가 있는 곳에 저수지들이 여러 개 있었다고 한다. 세종 임금 때 궁궐의 처마 곳곳에 쇠고리를 만들고 사다리, 쇠스랑, 도끼 등을 배치해두어 유사시에 한꺼번에 많은 사람들이 지붕에 올라가 불을 빨리 끌 수 있게 했다. 화재를 막기 위해 바깥 담벼락에 화방벽도 만들고 금화령도 내렸다. 금화령은 오늘날로 치면 화재 예방 특별 대책이다. 불을 내는 사람은 엄하게 처벌했고 궁궐의 담장 30미터 이내에 집을 짓지 못하게 하여 불이 궁궐에까지 번지는 것을 막았다. 궁궐에선 전각에 땔나무를 직접 때지 않고 화력이 좋은 숯을 태워 난방을 했다. 불을 다루는 곳곳마다 상상의 동물인 불가사리를 보초로 세웠다. 불가사리는 불과 쇠를 먹어치우는 능력이 있으니 화재 예방을 맡기기에 좋은 동물이다.

자연의 화기를 감지하고 삶에 미칠 영향을 깊이 이해했던 옛사람들은 그 시대에 자신들이 할 수 있는 최선의 노력을 기울였다. 후손들이 선조들의 그런 마음을 알아차리기라도 했을까. 오늘날 경복궁은 매주 화火요일마다 문을 닫는다.

생각해보기

알면서도 지구의 화기를 부추기는 우리들

지구는 대기라는 이름의 따뜻한 담요를 덮고 있다. 기분 좋을 정도의 따뜻함이 유지되면서 지구는 생명이 가득한 행성이 되었다. 자연이 밝은 화기를 만들었고, 이 화기에 많은 생명들이 깃들면서 생명의 그물은 더욱 풍요로워졌다. 자연이 만든 온실 효과 덕분이다.

인류 역사에서 불을 사용하게 된 것을 두고 재앙이라고 하는 사람은 없다. 불을 다룰 줄 알게 되면서 인류는 음식을 익혀 먹고 따뜻한 잠자리에서 잠을 자고 동물들의 위협으로부터 안전해질 수 있었다.

오늘날 불의 역사는 많이 달라졌다. 인간은 석탄과 석유, 원자력과 같은 큰 불을 다루는 엄청난 시대를 지나고 있다. 지구온난화는 이 시대의 인간이 만든 온실 효과이다.

지구온난화는 자연이 인간을 괴롭히려고 작정하고 몰아치는 재앙이나

복수가 아니다. 인간 스스로 쉼 없이 부추기고 있는 화기가 그 원인이다. 그래서 지구의 날뛰는 화기를 달래고 진정시키고 화해할 수 있는 것도 바로 인간이다.

지구 생태계를 파괴한다는 것을 알면서도 양적인 경제성장 논리만을 앞세우는 것, 화석연료에 의지해서 인간만이 잘살고 싶은 마음을 고집하는 것, 숲을 파괴하고 강을 망가뜨리는 일을 멈추지 않는 것, 이 모든 것이 지구의 화기를 부추기는 일이다.

드므와 소화기는 모두 화기와 관련된 물건이다. 드므는 상황에 따라 실용적인 방화수가 되기도 했겠으나 그보다는 사람들의 마음을 일깨우는 상징물이었다. 숭례문 화재 사건을 겪은 후 궁궐의 소방 대책도 한층 강화되었다. 전각마다 빨간 옷을 차려입고 보초를 서고 있는 소화기들과 담장에 몸을 숨기고 들어앉은 소화전들이 많아졌고 이동식 소화기들도 등장했다. 미리미리 예방하고 신속한 대책을 마련하는 일은 언제나 중요하다. 소방기구들을 곳곳에 배치해두면 화재가 일어났을 때 빠른 시간 안에 진압하는 데 요긴하게 쓸 수 있다. 눈앞에 불길이 치솟는 긴박한 상황이라면 드므 혼자선 도저히 감당할 수 없을 것이다. 그러나 아무리 성능 좋은 소화기구들이 있다고 해도 화재의 가능성을 완전히 잠재울 수는 없다. 드므와 소화기는 각자 제자리를 지키며 경복궁이 화기에 휩싸이는 일이 일어나지 않기를 바라고 또 바라고 있을 것이다.

우리 마음속에도 드므 하나씩 들여놓으면 어떨까. 드므에 비친 우리의 얼굴은 어떤 모습일까. 화마를 탓할 수 있을까. 지구온난화라는 이름의 성난 화기가 어디에서 비롯되었는지, 지구의 화기를 진정시키기 위해 왜 우리의 삶이 달라져야 하는지, 요란한 구호 없이도 스스로 알게 되지 않을까.

인간의 욕심과 자만심이 지나쳐 지구 안에 소중한 것들이 사라지는 일이 일어나지 않기를, 자연의 화기가 베푸는 밝고 따뜻한 축복 속에 우리 모두 행복할 수 있기를 기원한다.

이야기해보기

- '화기 지킴이, 드므와 소화기'의 지구 화기 대처법을 주제로 가상 시나리오 써보기.
- 경복궁의 드므가 계단에 숨겨지고, 유리 덮개까지 씌워진 이유는 무엇일지 이야기해보기.
- 지금, 여기 우리의 삶을 비춰볼 수 있는 거울이 될 수 있는 장소, 서로 추천하기.
- 지구온난화를 부추기는 인간의 행동들을 구체적으로 되짚어보기.

4장

사정전

앙부일구는 지금도 작동 중

사정전 앙부일구 앞에서

사정전의 동쪽에는 해시계가 놓여 있다. 바로 앙부일구이다. 생긴 모양이 마치 가마솥같이 오목하고 하늘을 우러러보고 있어서 앙부라는 이름을 갖게 되었다. 일구는 해그림자를 뜻하다. 앙부일구는 해그림자의 길이와 위치에 따라 일 년 중 어느 절기를 지나고 있는지, 그리고 하루의 어느 시간을 지나는지를 보여준다. 그래서 앙부일구를 해시계라고 부르면 뭔가 중요한 것이 빠진 것 같아 아쉽다.

앙부일구는 일부러 충전할 필요가 없다. 태양만 있으면 제 역할을 해낸다. 태양은 동쪽에서 서쪽으로 가고, 해그림자는 서쪽에서 동쪽으로 이동한다.

해그림자를 만드는 침을 영침이라고 하는데 북극을 향해 비스듬하게 세워져 있다. 앙부일구의 안쪽 바닥면에 해그림자가 생기는 곳을 시반이라고 한다. 시반엔 가로선과 세로선이 그려져 있다. 가로선은 계절을 알려주고, 세로선은 시간을 알려준다.

태양이 지면 앙부일구도 하루 일과를 마치고 달콤한 휴식에 든다. 다음날 태양이 떠오르면 또다시 하루를 시작한다.

옛사람들은 십이지를 이용해서 시간을 나타냈다. 십이지는 '자축인묘진사오미신유술해'이다. 앙부일구는 해가 뜨는 시간에서부터 해가 지는 시간까지 표시되어 있다. 굵은 세로선은 서쪽에서부터 묘시, 진시, 사시, 오시, 미시, 신시, 유시를 나타낸다. 정 가운데에 있는 선이 낮 12시, 오시이기 때문에 정오라고 불린다. 시각선과 시각선의 사이는 8등분이 되어 있는데 한 칸이 15분씩이다. 15분×8칸=120분으로 두 시간 간격이다.

묘시	진시	사시	오시	미시	신시	유시
5시~7시	7시~9시	9시~11시	11시~1시	1시~3시	3시~5시	5시~7시

영침이 가리키는 곳을 읽으면 지금이 몇 시 몇 분인지 읽을 수 있다. 그런데 앙부일구로 시간을 읽고 다시 손목시계를 보면 둘의 시간이 다르다. 앙부일구가 옛날에 만들어진 데다 낡아서 시간을 잘못 알려주는 것일까. 그럴 리가 없다. 태양이 알려주는 시간이 원래 자연의 시간이고, 손목시계가 알려주는 시간은 사람이 표준시를 인위적으로 정해놓고 약속처럼 쓰는 시간이다.

이제 가로선 이야기를 해보자. 모두 13개의 가로선이 있다. 우리나

경복궁의 앙부일구 ©지숲

사정전의 동쪽에는 해시계가 놓여 있다.
생긴 모양이 마치 가마솥같이 오목하고 하늘을 우러러보고 있어서
앙부라는 이름을 갖게 되었다. 일구는 해그림자를 뜻하다.

라는 사계절이 있어 계절이 순환한다. 계절이 순환하니 해그림자도 길어지고 짧아지는 과정을 되풀이한다. 앙부일구의 가장자리 왼쪽과 오른쪽에는 24절기의 이름이 순서대로 쓰여 있다. 영침이 가장 가까운 선은 하지선이다. 하지 때 해그림자가 가장 짧다. 영침에서 가장 멀리 있는 선은 동지선이다. 동지 때 해그림자가 가장 길다. 해그림자가 멈추는 곳을 찾아 가로선을 쭉 따라가면 그때의 절기를 읽을 수 있다.

겨울에서 봄을 지나 여름으로 갈 때 해그림자는 동지-소한-대한-입춘-우수-경칩-춘분-청명-곡우-입하-소만-망종-하지를 지나며 점점 짧아진다. 다시 여름에서 가을을 지나 겨울로 접어들면 해그림자는 하지-소서-대서-입추-처서-백로-추분-한로-상강-입동-소설-대설-동지로 가면서 점점 길어진다.

농경 사회에서 24절기를 아는 일은 매우 중요했다. 궁궐의 북쪽에는 대개 농사짓는 땅이 있었다. 왕의 농사 체험장이었다. 왕은 이곳에서 직접 농사를 지어보면서 한 해의 수확량을 예측하거나 비가 너무 많이 오거나 적게 왔을 때 조치할 수 있는 대비책들을 마련하고자 했다.

앙부일구는 조정에서 백성들에게 절기를 알리고 그때그때에 맞춰 일 년 농사를 잘 지을 수 있게 하려는 중요한 목적을 갖고 있었다. 세종 임금 때 처음 만들어졌고, 사람들이 많이 오가는 혜정교와 종묘 남쪽 거리에 설치되었다. 우리나라에 제일 처음 등장한 공중 시계였다.

생각해보기

자연이 이끌고
사람이 따르는 삶의 왈츠

해마다 봄–여름–가을–겨울을 맞이하고 보내며, 일 년 열두 달의 시간을 살면서도 우리는 어느새 24절기의 자연 흐름을 잊었다. 우리는 과연 농경 사회를 벗어났을까. 예전엔 상상도 못했을 시대가 되었지만 우리는 여전히 밥을 먹으며 살고 있다. 밥은 생명의 상징이고 농사는 삶의 근본이다. 자연과 사람이 함께 추는 왈츠처럼, 자연이 이끌어주고 사람이 호흡을 맞추며 걸었던 옛사람들의 삶을 따라가보자.

봄 : 입춘~곡우(한 해의 농사일을 준비하고 씨앗을 뿌리는 계절)

입춘(2.4) 긴 겨울을 견디고 봄이 시작되는 날이다. 입춘대길하여라.

우수(2.19) 얼었던 강물이 녹기 시작하고 눈이 비로 바뀌어 봄비가 촉촉이 내린다. 땅이 녹으면서 여린 싹들이 땅 위로 고개를 내미는 날이다.

경칩(3.6) 동물들이 겨울잠에서 깨어나는 날이다. 개구리가 사람들의 관심을 독차지했다.

춘분(3.21) 낮과 밤의 길이가 같다. 꽃샘추위가 온다. 바람 신이 샘이라도 난 듯 꽃을 피우지 못하게 매섭고 찬 바람이 분다.

청명(4.5) 날씨가 맑고 밝으니 봄 농사가 시작된다. 흙을 준비하고 씨앗을 뿌리고 나무를 심고 논밭을 갈고 농기구를 부지런히 손질하기 시작한다.

곡우(4.20) 봄비가 반갑다. 농사 비가 내리니 볍씨를 담근다. 이 무렵 나무에 물이 가장 많이 오른다.

여름 : 입하～대서(들에서 열심히 땀을 흘리며 일하는 계절)

입하(5.5) 초여름이 시작되는 날이다. 농작물이 자라고 그만큼 해충이 많아지고 잡초들이 끈질긴 생명력을 자랑한다.

소만(5.21) 본격적으로 농사일이 시작되니 일 년 중 가장 바쁜 시기이다. 이 무렵 모내기를 준비한다.

망종(6.6) 모를 심는다. 모내기 철이다.

하지(6.21) 일 년 중에 낮의 길이가 가장 길다. 일사시간과 일사량이 가장 많다.

소서(7.7) 본격적인 무더위가 시작되고 장마가 찾아든다. 비가 많이 내리고 습도가 높아진다.

대서(7.23) 더위가 가장 심한 날이다. 들판에 곡식이 익어간다.

가을 : 입추~상강(봄에 뿌린 씨앗을 여름 내내 가꾸어 결실을 수확하는 계절)

입추(8.7) 가을이 시작되는 날이다. 늦더위가 기승을 부리지만 서늘한 바람이 불기 시작하고 겨울을 재촉하는 비가 내린다. 겨울 김장을 위해 무와 배추를 심고 서리가 내리기 전에 거둔다. 들녘의 벼가 한창 무르익는다.

처서(8.23) 따가운 햇볕이 누그러져 어느새 더위가 가시고 풀이 더 이상 자라지 않는다. 아침저녁으로 선선한 바람이 불고 일교차가 커진다. 모기의 성화가 사라지는 때이다. 처서에 비가 내리면 쌀독의 곡식도 준다.

백로(9.8) 밤에 기온이 내려가 풀잎에 이슬이 맺히고 가을 기운이 완연해진다. 추석 무렵으로 곡식이 무르익는다. 포도의 계절이다. 첫 포도는 사당에 고하고 맏며느리가 한 송이를 통째로 먹는 풍습이 있는데, 다산을 기원하는 마음에서 비롯

된 풍습이다. 장마가 그치고 간혹 남쪽에서 태풍이 불어와 곡식에 피해를 입힐 수 있다. 새들이 기승을 부리니 논에 허수아비를 시켜 근무를 서게 한다.

추분(9.23) 낮과 밤의 길이가 같은 날이다. 가을걷이에 하루해가 너무 짧다. 일 년 동안 가꾼 것을 수확하고 겨울 준비를 시작한다. 제비는 강남으로 돌아갈 준비를 하고 기러기가 찾아온다.

한로(10.8) 공기가 점점 차가워지고 찬 이슬이 맺히기 시작한다. 기온이 더 내려가기 전에 추수를 끝내야 하니 타작 소리가 끊이지 않는다.

상강(10.23) 서리가 내리기 시작하니 단풍이 더욱 아름답다. 늦서리에 농작물이 피해를 입을 수 있다.

겨울 : 입동～대한(새 봄을 준비하는 계절)

입동(11.7) 겨울이 시작되는 날이다. 겨울 김장 채비로 바쁘다.

소설(11.22) 얼음이 얼기 시작하고 땅이 얼기 시작한다. 하지만 햇살은 아직 따뜻하다.

대설(12.7) 큰 눈이 오는 날이다. 눈이 많이 오면 다음 해에 풍년이 들고 푸근한 겨울을 보낸다.

동지(12.22) 밤이 가장 긴 날이다. 밤이 조금씩 짧아지기 시작하는 날이다.

소한(1.5) 대한이 소한 집에 놀러 갔다가 얼어 죽을 만큼 일 년 중 가장 추운 날이다.

대한 (1.20) 겨울의 큰 추위가 있는 날이다. 겨울을 매듭짓는 날이다.

해보기

- 경복궁에 들어갈 때와 나올 때 앙부일구에서 시간과 절기를 확인해보기.
- 시계가 발명되면서 우리 삶엔 어떤 변화가 생겼는지 이야기해보기.
- 자연의 시간이 빨라진 것이 아닌데 우리는 자꾸 시간이 없다고 느끼는 이유를 찾아보기.
- 햇빛이 들지 않는 지하도에 놓인 앙부일구 살려내기.
- 살고 있는 지역에 '앙부일구'를 놓는다면 어디가 좋을지 상의해보기.
- 24절기에 맞춰 나의 일 년 계획 짜보기.
- 지구의 기후 변화가 심각해지면서 우리나라의 계절 특성도 큰 변동을 겪고 있는데, 24절기와 관련지어 구체적인 현상들을 찾아보고 그 의미를 돌아보기.

분할과 종합, 나눠지고 합쳐지고

사정전 기단에서

사정전은 전체적으로 단청이 따뜻하다. 붉은 색이 감도는 단청이다. 사정전은 정면이 5간, 측면이 3간, 전체 5×3=15간의 규모를 지닌다. 기둥과 기둥 사이가 한 간이다. 기둥과 기둥 사이를 좁게 하면 건물의 크기가 작아지고 넓게 하면 크기가 커진다. 장소와 쓰임에 따라 크기를 조절할 수 있다. 간의 수가 같아도 전각들마다 간을 구성한 방식이 다양하다. 융통성이 있어서 전각들은 저마다 표정이 있다.

사정전은 정면 5간 중에 가운데 간이 제일 넓다. 여기에 출입문을 냈고 문 앞에 섬돌을 놓았다. 안에는 마루를 깔았다. 출입문의 좌우간에는 네 짝의 여닫이 창호를 달았다. 측면 3간의 구성과 짜임에도 변화를 주었다. 인간적인 멋이 느껴진다.

문틀은 문 얼굴이라고 하며 문틀을 만드는 것을 울거미를 짠다고 말한다. 긴 장방형의 문틀을 짠다고 상상해보자. 수직으로 세우는 2개의 선대와 수평으로 만나는 2개의 막이가 필요하다. 선대와 막이가 네 모서리에서 만나는 곳은 45도 연귀맞춤을 하거나 90도로 맞춘다. 연귀맞춤이 더 격이 높다. 선대, 막이, 연귀맞춤이라는 용어는 생소하지만, 세우고 막고 귀를 맞추는 구조는 주변에서 자주 볼 수 있고 꽤 친숙한 것들이다.

다음엔 문틀에 홈을 파고 살대를 끼운다. 살대를 어떻게 끼우는가에 따라 창호의 표정이 달라진다. 몇 가지 예를 들어보자. 세로살에 위아래 직각으로 몇 개의 가로살을 교차시키면 띠살, 빗살 모양으로 짜면 빗살, 용用자를 무늬로 만들면 용자살, 아亞자를 무늬로 넣으면 아자살, 정井자를 무늬로 짜면 정자살, 거북이의 등처럼 육각형 무늬를 만들면 귀갑살이 된다.

그렇다면 사정전의 창호는 어떤 모양일까? 세로로 긴 살대를 촘촘하게 짜넣고 위, 가운데, 아래의 세 곳에 가로로 살들을 짜넣은 띠살 창호이다. 나무의 짜임이 단순하고 소박하다.

창호에는 철물 장식들이 있다. 먼저 창호를 열고 닫을 수 있게 암돌쩌귀와 수돌쩌귀 한 쌍이 있다. 문고리도 달렸는데 손가락 네 개를 걸 수 있을 만큼 크고 적당히 두툼하다. 문고리 옆에는 국화꽃이 피었다. 국화쇠라고도 하는데 철물에 못 구멍을 뚫어 못을 박을 수 있게 하고 못머리 주변을 국화 모양으로 장식하여 멋을 냈다.

문틀이나 문짝에서 나무와 나무를 짜 맞춘 부분은 자칫 틈이 벌어질

사정전 기단에 서서 사정문을 바라보면 문의 좌우에 곳간들이 있다.
문에 틈이 벌어지지 않게 ㅏ, ㅓ, ㅗ, ㅜ 모양의
철물을 박았는데 새의 발을 닮았다.

수 있다. 이런 곳엔 마치 손가락을 쫙 벌려 눌러주듯이 해야 하는데 역시 철물이 제격이다. 돌쩌귀와 국화쇠, 문고리가 모두 같은 철물 집안인지라 서로서로 잘 어울린다.

사정전은 사방이 모두 창호로 되어 있어 더운 여름날 창호를 모두 들어올리면 시원한 바람을 즐길 수 있다. 철물로 된 들쇠가 세로로 길게 내려와 언제나 대기 중이고, 문짝은 들쇠에 얹혀 땅과 수평이 되게 눕혀진다.

사정전 기단에 서서 사정문을 바라보면 문의 좌우에 곳간들이 있다. 문에 틈이 벌어지지 않게 ㅏ, ㅓ, ㅗ, ㅜ 모양의 철물을 박았는데 새의 발을 닮았다.

철물 이야기에 지네철이 빠질 수 없다. 지네철은 생김새가 지네를 닮았다. 지네의 몸통에 여러 개의 다리가 달린 모양이다. 지붕의 좌우 양쪽으로 두 개의 나무판을 'ㅅ'자형으로 마주 붙인 곳이 있는데 이음매가 벌어지지 않게 튼튼하게 처리해야 한다. 이런 곳엔 마치 스테이플러 두 개를 수평으로 찍은 것처럼 철물 두 개를 'ㅡ' 모양으로 박기도 하지만 지네철을 길게 박아 장식을 하기도 한다. 궁궐의 지네철을 보고 누가 징그럽다고 말하랴. 철갑 옷을 입고 열심히 제 일을 하고 있는 지네들에게 인사를 건네는 것은 괜찮지만, 악수하자며 손을 내밀어서는 안 된다. 지네는 한순간도 발을 놓을 수 없다.

생각해보기

자연의 돌, 나무, 쇠가
인간의 솜씨와 만났을 때

큰 나무와 큰 나무가 수직으로 수평으로 만나 우린 더욱 커졌지
큰 나무와 작은 나무도 서로 힘을 합쳤지
작은 나무들은 손을 맞잡아 작은 것이 왜 아름다운지 보여주었지
크고 작은 것을 구별하는 것은 우리 일이 아니야
나무와 나무가 만났으니 온 집에 나무 향이 은은하게 스며났지

나무들만으론 할 수 없는 것들이 있어 나무들은 깊은 고민에 빠졌네
어느 날 쇠붙이들과 돌들이 나무를 돕겠다며 찾아왔어
돌들이 제 몸을 주춧돌로 내어주었지
주춧돌은 땅을 믿었고
기둥은 그 주춧돌을 믿었지

기둥 위로 크고 작은 나무들이 제자리를 찾아
서고 눕고 기대어 한 몸이 되었네
보기에 크고 우람해졌으나 아직 뭔가 부족해

세상에 크고 눈에 띄는 것이 있으면
작고 드러나지 않는 것도 있어
가늘고 긴 나무들이 이리저리 창살 무늬를 꾸몄구나
쇠가 돌쩌귀가 되고
문고리가 되어주니
그제야 창호가 열리고 닫히네

육중한 나무 문에
힘찬 자물쇠가 채워져 문지기를 자처하네
조정의 박석 위에
쇠가 자리를 잡아 누웠네

언제든지 차일만 치면 마당이 방처럼 변신할 수 있네

궁궐 담장을 나무 울타리로 지을 순 없지
돌들이 차곡차곡 제 몸을 쌓아올리니
그제야 궁성이 우람하게 제 모습을 갖추었구나

비교해보기

- 사정전의 측면 3간의 짜임을 사진으로 찍어보기. 그리고 다른 전각들에서 간의 구성과 조합이 얼마나 다양한지 사진으로 찍어 한눈에 비교해보기.
- 우리 주변에서 자연 재료를 멋지게 다루는 장인들을 찾아보기.
- 손재주가 뛰어난 친구를 찾아 맘껏 칭찬하기.

굴뚝이 있는 곳엔 아궁이도 있지

만춘전의 기단에 주목하라

경복궁의 겨울은 유난히 더 춥다. 북서쪽에서 불어오는 찬바람이 그대로 뼛속까지 파고든다. 산수유나무에 노란 꽃이 활짝 피었다고 해서 마음을 놓아선 안 된다. 경복궁의 봄은 조금 늦게 찾아오니까. 서둘러 봄옷을 차려 입었다면 낭패를 볼 수도 있다. 겨울이 가고 봄이 올 무렵은, 궁궐의 굴뚝을 만나는 여행을 하기엔 좋은 계절이다.

옛날에 사정전은 동쪽의 만춘전과 서쪽의 천추전이 서로 연결되어 있었다. 사정전의 옆구리에 흔적이 남아 있다. 사정전은 편전, 즉 왕의 집무실이었다. 이곳에서 주로 공식 업무들을 처리했고, 만춘전과 춘추전에선 조용히 책을 읽거나 신하들과 편하게 만나 나랏일을 논의했다. 사정전은 사방이 모두 창호라서 여름철에 창호를 모두 들어올리면 사방이 확 트여 바람이 시원하다. 이곳엔 온돌을 들이지 않았다. 만춘전과 천추전에는 구들(온돌)을 놓은 방들이 있고, 아궁이가 있고, 굴뚝이 있다.

만춘전 기단의 양쪽에 사각형으로 반듯한 구멍이 두 개씩 뚫려 있다. 아궁이가 있는 곳이다. 구멍 앞에 무릎을 구부리고 앉으면 공간 안이 들여다보인다. 어린이 한 명이 들어가 앉아도 그리 비좁지 않을 정도의 크기이다. 구멍의 길이는 기단의 넓이만큼 뚫렸고 안쪽에 철문을 달았다. 철문은 양쪽으로 열 수 있는 구조이다. 지금은 아궁이를 쓰지 않으니 잠겨 있다. 아궁이와 방의 구들, 굴뚝이 서로 연결되어 있을 것이다.

궁녀가 땔감을 가져와 옆에 쌓아놓고 아궁이에서 직접 불을 땠을까. 옛 살림집 부엌의 아궁이 앞에서 누군가 불을 지피는 모습을 본 적이 있다면 궁궐의 아궁이도 그랬을 것이라고 생각할 수 있다. 하지만 그렇지 않았다.

불은 생활에 없어서는 안 되지만 나무로 지어진 궁궐 안에선 늘 조심해서 다루어야 했다. 전각의 아궁이는 음식을 만드는 데 사용하지 않았고 난방이 주목적이었다. 난방을 하기 위한 아궁이를 함실아궁이라고 부른다. 함실아궁이는 땔감을 직접 때지 않았고 질이 좋고 화력이 센 숯을 사용했다.

우리나라에 언제부터 구들의 역사가 시작되었을까? 고구려 벽화를 보면 쪽구들이 나타나는데 이름 그대로 신을 신고 잠시 걸터앉거나 밤에 잠을 자는 정도의 작은 것이었다. 고려 때 쪽구들의 면적이 차츰 넓어졌고 조선 시대에 들어와 방 전체에 구들을 놓게 되었다. 조선 중

만전춘 기단의 아궁이 ⓒ지숲

만춘전 기단의 양쪽에
사각형으로 반듯한 구멍이 두 개씩 뚫려 있다. 아궁이가 있는 곳이다.
아궁이와 방의 구들, 굴뚝이 서로 연결되어 있을 것이다.

기엔 이미 구들이 널리 보급되었고 방 전체에 구들을 놓으면서 신을 벗고 생활하는 문화로 바뀌었다.

집집마다 구들을 사용하면서 나오는 재가 하천 바닥에 쌓이는 일도 많았다. 영조 임금 때 청계천을 준설한 기록이 남아 있다. 구들을 사용하게 되자 땔감의 수요도 많아졌다. 방을 데우고 음식을 만들려면 땔나무가 꼭 필요했다. 결국 산에 나무가 부족해지고 민둥산이 된 주원인이 되었다.

우리나라 산림 역사의 초기만 해도 벌거벗은 민둥산에 나무 옷을 입히는 일에 온 힘을 쏟았다. 그래서 척박한 땅에 잘 자라고 생존 능력이 강한 나무들을 주로 심었는데 아까시나무, 오리나무, 리기다소나무들이었다. 지금은 사정이 많이 달라졌다. 단순히 산에 녹색 옷을 입히는 단계를 지나, 이젠 건강하고 아름답게 숲을 가꾸는 것이 중요한 단계로 접어들었다. 오늘날 우리의 숲이 푸르게 변화될 수 있었던 것은 숲을 보호하려는 의지와 노력 덕분만은 아니다. 이는 무엇보다 구들이 개선되었고 특히 밥을 짓고 방을 데우는 연료가 달라졌기에 가능했다.

사람 사는 모습은 많이 달라졌어도 난방 연료와 음식을 만들기 위한 취사 연료가 있어야 한다는 것은 변함이 없다. 오늘날 이 연료는 어디에서 오는가.

경복궁 전각들은 우리나라 난방의 역사, 구들의 역사를 살펴보기에도 참 좋은 곳이다. 한국인이 사는 집을 넓게 한옥이라고 한다면 미래의 한옥을 짓는 데에도 충분히 응용할 수 있을 것이다.

생각해보기

어찌 굴뚝을 탓하랴

산업화 시대의 문턱을 막 넘어섰을 때 굴뚝 산업은 사람들에게 풍요로운 미래를 약속하는 듯 보였다. 굴뚝에서 검은 연기가 쉴 새 없이 하늘로 뿜어져 나올 때도 크게 걱정하지 않았다. 얼마 지나지 않아 스모그와 산성비 같은 심각한 대기 오염이 찾아왔고, 사람들의 건강이 나빠지고 재산 피해가 생겼다. 인류가 남긴 문화유산들도 예외 없이 상처를 입었다. 대기가 오염되면 서로 연결되어 있는 생태계 순환을 따라 물이 오염되고 토양이 오염된다. 그리고 그 안에 깃들어 살고 있는 생태계에 영향을 미친다. 피해를 입고 파괴되는 현실을 몸으로 겪으며 사람들은 그저 검은 연기를 토해내는 굴뚝만을 탓했다. 이때부터 굴뚝은 대기를 오염시키고 사람들을 괴롭히는 혐오 시설로 한껏 미움을 받기 시작했다.

굴뚝 입장에서 보면 억울한 일이다. 굴뚝이 오염 물질을 배출했고 그 때문에 대기가 오염되었지만 아니 땐 굴뚝에 어찌 연기가 나겠는가. 아궁이는 무언가를 먹어야 열기를 만들어내고 굴뚝은 먹은 대로 토해낼 뿐이다. 하얀 연기를 내보내는 착한 굴뚝이 따로 있고 검은 연기를 토해내는 나쁜 굴뚝이 따로 있는 것이 아니다. 이 모든 일은 굴뚝이 아니라 사람들로부터 시작되었다. 굴뚝의 운명은 어떤 사람들을 만나 무엇을 먹고 무엇을 토해내는지에 따라 달라진다.

오늘날 굴뚝 산업은 예전만큼 인기가 없다. 사람들의 환경 인식이 많이 높아졌고 시대가 변한 탓이다. 그러나 우리 주변에서 보이지 않는다고 해서 지구에서 완전히 사라진 것은 아니다. 환경 규제가 엄격하지 않은 제3세계의 어느 나라로 자리를 옮긴 굴뚝들이 여전히 검은 연기를 뿜어내고 있다.

사실, 우리네 옛 굴뚝은 대기를 오염시키는 혐오 시설이 아니었다. 아궁이는 대개 순한 것들을 먹었고 양도 크게 넘치지 않았다. 특히 구들의 구조에 그 비밀이 숨어 있다. 아궁이에서 불을 때면 열과 연기의 여행이 시작된다. 열과 연기가 거꾸로 흐르지 않게 부넘이를 만들었고, 열기는 방의 구들장 밑으로 낸 여러 갈래의 길(고래길)을 지나며 서서히 방을 데웠다. 그리고 연기는 굴뚝을 빠져나가기 직전에 중요한 단계를 거쳤다. 굴뚝과 만나는 곳을 좀 더 깊이 파서 연기가 이곳을 지날 때 그을음과 같은 불순물을 떨어뜨리게 했던 것이다. 연기가 한층 가벼워진 몸으로 굴뚝을 빠져나오면 하늘이 기다렸다는 듯 하얀 연기를 맞았다.

아궁이와 굴뚝은 단순히 물리적인 구조를 넘어 우리 삶을 반영하는 의미 있는 상징물이다. 아궁이는 사람이 주는 것을 먹고 먹은 대로 열기와 에너

지를 만든다. 이 힘으로 우리의 삶이 유지된다. 그리고 이것이 끝이 아니다. 사람들의 삶을 관통한 '그 무엇'이 굴뚝을 통해 지구 자연으로 되돌려진다.

아궁이의 측면에서 지금 우리는 어떤 지구 자원을, 얼마만큼, 어떤 방식으로 사용하고 있을까. 우리가 지금 어떤 선택을 하고 있는지에 따라 굴뚝으로 상징되는 것의 운명이 결정된다. 굴뚝의 입장에선 사람이 보내는 것들을 그대로 받아서 그저 자연으로 돌려보낼 뿐이다. 사람이 제 할 일은 하지 않으면서, 오염 물질들이 스스로 알아서 자연을 파괴하지 않고 오염을 줄이고 자연이 감당할 수 있을 정도로 조율될 수는 없는 일이다. 처음부터 아궁이와 굴뚝의 운명은 우리 삶의 방식에 의존하고 있었다.

우리는 '보고 싶은 마음이 굴뚝같다'고 말한다. '하고 싶은 마음이 굴뚝같다'고 말하고, '어디론가 가고 싶은 마음도 굴뚝같다'고 말한다. 세상에 있는 그 많고 많은 것들 중에 왜 하필이면 굴뚝이었을까. 아마도 난폭하고 탐욕스러운 굴뚝이었다면, 사람살이의 그리움과 애틋함, 간절함의 정서를 온몸으로 품지 못했을 것이다.

해보기

굴뚝과 숨바꼭질하기

꼭꼭 숨어라
전각의 뒤로 길게 쭉 뻗은 날렵하기 그지없는 굴뚝 형제
꼭꼭 숨어라
담장과 합체되어 굴뚝이 아닌 척 시치미를 떼고 있는 굴뚝
꼭꼭 숨어라
꽃밭 속에 자리를 잡았네. 육각형의 몸통을 가진 다부지고 믿음직스런 굴뚝
꼭꼭 숨어라
담장과 지붕에 몸을 숨기고 고개만 삐죽이 내밀고 있는 굴뚝
꼭꼭 숨어라
우리나라 보물의 자격을 얻은 아름다운 굴뚝

지구 흙을 만나는 시간

만춘전이 가까운 툇마루에 앉아서

경복궁은 낮은 담장을 경계로 안과 밖의 모습이 크게 달라진다. 오늘날 경복궁 밖에서라면 흙을 밟을 수 있는 곳이 거의 없다. 도로는 아스팔트로 덮여 있고, 인도에는 보도블록이 깔려 있다. 아스팔트와 보도블록이 없는 곳이라도 대개 시멘트가 빈틈없이 흙을 포장하고 있다. 경복궁 안엔 자동차가 없다. 아스팔트도 없고 보도블록도 없고 시멘트로 덮인 회색 공간도 없다. 박석이 깔렸거나 어도가 있는 곳을 제외하면 흙으로 덮여 있다. 두 발로 걷는 느낌을 고스란히 살려낸다.

서울 하늘 아래 궁궐 담장을 경계로 전혀 다른 세상이 펼쳐진다. 단순히 흙이 있고 없는 차이에 그치지 않는다. 눈물겨운 상봉까진 아니어도 우리 삶의 장소가 어떻게 달라졌는지, 우리가 지구 흙과 어떻게 헤어졌는지, 헤어져 살면서도 어떻게 잊은지조차 모르고 살고 있는지를 알려준다. 우리나라는 짧은 시간에 경제가 발전했고 도시의 규모도 놀랍게 커졌다. 숨 가쁘게 도시화를 경험하면서 흙에 대한 세대 간 기억도 많이 다르다.

압축 성장은 물질적인 성과뿐 아니라 삶의 경험에서조차 큰 차이를 만들었다. 도시화가 진행되기 이전의 삶을 기억하는 세대, 도시화가 빠르게 진행되면서 삶의 장소들이 변화되는 것을 보았던 세대, 도시화가 진행된 이후에 도시 안에서 태어나 살고 있는 세대가 모두 같은 시대를 살고 있다.

한 가족이지만 할아버지와 할머니 세대가 기억하는 고향 마을 풍경, 어머니와 아버지 세대가 살았던 동네 풍경, 그리고 지금 청소년들이 경험하고 있는 삶의 장소가 다르다. 그중에서도 흙에 대한 기억, 추억, 느낌은 사뭇 다르다. 시골 할머니 집과 고층 아파트 단지가 모두 있지만 그 안에서 경험하는 것의 차이는 너무나 크다.

태어나서 아스팔트와 시멘트로 덮인 세상을 먼저 보았고, 지금도 그 안에 살고 있다면, 어릴 적 흙 놀이의 추억도 없고 흙은 옷을 더럽히고 병을 옮기기 때문에 더러운 것이라고 듣고 자랐다면, 그 사람에게 도시는 회색과 검정색 옷으로 포장된 곳일 것이다.

"궁궐이라면서 왜 흙을 그대로 뒀어요? 포장을 하면 다니기에 훨씬 더 편하고 좋을 텐데……." 얼마 전에 군을 제대한 후 복학을 앞두고 혼자 여행을 하고 있다는 그 청년에게서 이 말을 들었을 때 나는 순간 당황했었다. 그렇게 생각할 수도 있다는 것 자체가 너무 낯설었으니까.

마당에 드리워진 그림자 ©지숲

햇빛 좋은 날에 흙 마당에 길게 누운 처마 그림자와
가는 나무 줄기 하나까지 섬세하게 옮긴 나무 그림자는
삶의 부드러운 정서를 선물한다.

그런데 청년의 표정을 보니 진지했다. 그 일로 예방주사라도 맞은 것처럼 이후로는 우연히 그런 말을 듣게 되어도 그리 놀라지 않게 되었다.

사람은 자신이 익숙해져 있는 것을 상식으로 여기거나 또 당연하다고 느끼기 쉽다. 아스팔트는 20세기에 들어와 석유화학 공업의 부산물이 자동차의 요구와 맞물리면서 등장했다. 도시가 검은 피부로 덮이면서 흙이 눈앞에서 모습을 감추었다. 동네 하수관 공사라도 하는 날이 되어야 '드르륵 드르륵' 하는 소리를 내며 진동기가 움직일 때마다 두터운 포장재가 뜯겨진다. 포클레인이 검은 파편들을 한 가득씩 퍼낼 때 생명력을 빼앗겨 생기를 잃은 흙들이 퍼 올려진다. 우리가 살고 있는 이 도시에서 흙이 이렇게 대접받고 있었으며, 하루 종일 내 발바닥만 한 크기의 흙조차 밟지 못하고 살고 있었다는 것을 그제야 알게 된다.

집을 짓고 난 후 마당을 고르고 꾸미는 일은 집만큼이나 정성을 쏟는 부분이다. 경복궁은 포장을 하지 않은 것이 아니라 마사토와 같은 흙을 이용해 의도적으로 이렇게 포장을 했다. 자연경사를 따라 배수가 잘되지만 마사토를 깔면 자연 배수 효과가 한층 더 높아진다. 흙 포장의 장점은 또 있다. 태양빛이 마당에 반사되어 전각 안을 비출 때면 실내가 은은하게 환해진다. 흙길을 걸을 때 사각사각하는 소리, 햇빛 좋은 날에 흙 마당에 길게 누운 처마 그림자와 가는 나무 줄기 하나까지 섬세하게 옮긴 나무 그림자는 삶의 부드러운 정서를 선물한다.

생각해보기

흙, 너마저 박물관에서 만나야 한다면

흙을 직접 보고, 냄새 맡고, 만져 보고, 체험하는 일은 신나는 일이다. 그런데 그런 체험이 삶의 장소에서 자연스럽게 이루어질 수 있으면 더욱 좋은 일이다. 시간 날 때마다 자주 찾아갈 수 있고, 언제나 마음먹으면 갈 수 있으며 늘 친구들이 있고 새로운 친구들을 사귈 수 있는 자연 장소라면 더할 나위가 없을 것이다.

아이들은 천성적으로 흙을 좋아한다. 흙을 파고, 쌓고, 뭔가를 만드느라고 몰두하고 있을 때 어른들이 보기엔 어떨지 몰라도 그 마음속엔 멋진 흙 세상이 펼쳐지고 있을 것이다.

아이들이 일상의 장소에서 자연스럽게, 재밌게, 호기심에 가득 차서 흙과 만나는 첫 경험은 성장 과정에서 매우 중요한 순간이다. 그러한 시간과 장소를 빼앗겼을 때 여린 감수성은 싹을 틔우지 못하고 말라버린다.

어쩌면 어른들은 아이들을 위한 흙박물관을 만들어주며 크게 생색을 내려 할지도 모른다. 다양한 흙 표본을 전시하고, 흙의 모양, 흙의 구성, 흙이 하는 일을 컴퓨터가 세세히 알려주고, 한쪽에는 흙을 담은 상자들을 놓아두고 직접 손으로 만져보고, 냄새도 맡아볼 수 있는 체험마당을 마련해줄 수도 있을 것이다. 흙박물관을 견학하며 흙을 체험했으니 흙의 소중함을 배웠고 값진 현장학습이 되었다고 만족할 수도 있을 것이다. 과연 그럴까.

흙박물관이라는 것이 있어서 그곳에 가야만 흙을 볼 수 있다면, 흙을 공부해야 할 대상으로만 만날 수 있다면, 너무 슬픈 일이다.

세상에 처음부터 어른으로 태어나는 사람은 없다. 누구나 어린 시절이 있고 청소년기를 지난다. 어린 시절 흙에 대한 흥미와 관심이 싹을 틔우려 할 때 자연스럽게 성장할 수 있게 보살피면 되는 일이다. 그러면 싹이 이미 말라 죽어버린 뒤에 그 싹을 살려내느라 뒤늦게 애쓰지 않아도 될 것이다. 흙의 소중함을 말로 장황하게 가르치지 않아도 당연하게 알게 될 것이다. 마음으로 알게 된 것이니 생명이 있는 흙을 함부로 다루지도 않을 것이다. 하지만 우린 그동안 그렇게 하지 못했다. 흙을 덮고 그 위에 도시를 세웠다. 도시에 살면서 예전에 비해 할 수 있는 것이 많아졌다. 그 대신 우리는 살아 있는 지구의 흙과 멀어져버렸다. 지구의 흙과 사람의 삶이 자연스럽게 만나면서 저절로 알게 되는 것들, 배우게 되는 것들, 삶의 소중한 추억들도 함께 잃어버렸다.

오늘날 지구가 흙을 어떻게 만드는지, 생태계 안에서 어떤 일을 하는지, 우리 삶과 어떤 관계가 있는지, 그래서 지구의 흙이 죽어가고 사라지고 있는 것이 왜 지구 환경 문제인지를 가르치고 배우는 것이 그 어느 때보다 절실해지고 있다. 과연 흙의 소중함을 삶 속에서 자연스럽게 몸으로 느낄 수 있는 도시에 살고 있는지, 도시의 얼굴을 새롭게 바라볼 때이다.

해보기

- 전각의 처마선이 땅 위에 드리우는 그림자 감상하기.
- 비 오는 날, 빗물이 땅을 도화지 삼아 그리는 자연 그림 감상하기.
- 햇빛 좋은 겨울날, 고드름이 녹아 눈물 방울처럼 흙 마당에 떨어지면서 물웅덩이들이 줄지어 만들어지는 풍경 구경하기.
- 자신의 경험 속에서 흙의 생명력을 구체적으로 느껴보았던 장소 이야기해보기.

5장

경회루

자연을 건축물로 표현한 경회루

3, 8, 12, 24, 36, 64 숫자를 찾아서

경회루 앞에서

경회루를 찾은 사람이라면 누구나 자주 듣게 되는 이야기가 있다. '경회루는 자연의 질서를 표현하고 있다.' 자연의 질서를 표현하고 있다는 말은 어찌 보면 쉽고, 어찌 보면 참 어려운 말이다. 경회루는 눈으로 보기에도 멋지고 주변의 인왕산과 북악산과도 잘 어울린다. 자연과 조화를 이루고 있다. 그럼 이것으로 충분한가?

경회루는 앞면 7간, 옆면 5간으로, 전체 35간의 규모이다. 여기에 경회루 자체를 1간으로 삼으면 경회루 36궁이 된다. 오늘날 정학순이라는 사람이 썼다는『경회루36궁지도』가 전해져오는데, 이 책은 경회루의 건축 설계도와 같아서 당시의 건축 원리들을 짐작해볼 수 있다. 한 번에 다 알 수는 없겠으나 우리 손에 들어온 숫자들인 '3, 8, 12, 24, 36, 64'를 단서 삼아 자연의 질서를 함께 찾아보자.

경회루 앞에서 우리는 옛사람들의 마음을 만날 수 있다.
자연을 탐색하고 가지런한 질서를 찾아내고,
자연의 질서와 함께하는 삶의 질서를 이해하고,
그래서 사람 사는 세상에 자연스럽게
자연의 질서를 닮은 건축물을 세웠던 사람들이 있었다.

경회루 위층은 마루를 깔았고 높지 않게 세 단을 두었다. 옛사람들은 자연을 탐색하며 숫자로 표현했고 그 숫자는 경회루의 구조로 표현되어 있다. 경회루의 구조 안에서 숫자의 비밀을 풀어내면 뭔가 알 수도 있지 않을까.

먼저 모눈종이를 이용해서 가로 7간×세로 5간으로 전체 35간을 만들어보자. 이것이 가장 아래에 놓일 단이다. 다음에 아랫단에서 앞뒤좌우로 각각 1간씩 안으로 들여온 크기만큼 또 하나의 종이를 만든다. 가로 5간×세로 3간으로 전체 15간의 단이 만들어진다. 이것이 두 번째 단이다. 마찬가지로 가로 3간×1간으로 전체 3간인 단을 하나 더 만든다. 이것이 가장 위에 놓일 단이다.

이제 1단, 2단, 3단을 순서대로 쌓아보자. 그리고 각 단의 간의 수를 세어보자. 기둥을 세운다면 어느 위치에서, 몇 개의 기둥을 세울 수 있는지 생각해보자. 그리고 기둥 한 개와 기둥 한 개 사이가 한 간이면 모두 몇 개의 간이 생기는지 세어보자. 이때 단 위에 단을 쌓으면서 겹쳐지는 부분은 제외한다.

간의 수를 세어보면 맨 아랫단이 20간, 두 번째 단은 12간, 맨 위의 단은 3간이다. 여기에 돌아가며 기둥을 세운다고 생각해보면, 3간의 마루엔 기둥이 8개, 12간의 마루엔 기둥이 16개, 20간의 마루엔 기둥이 24개이다. 간의 수, 기둥의 수를 세어보니 3, 8, 12, 24의 숫자가 드러난다. 경회루의 구조와 숫자들의 상관관계는 풀었다고 해도 해독은 여전히 어렵다.

숫자 3은 천(하늘), 지(땅), 인(인간)을 뜻한다. 천지인을 합쳐 삼재三才라고 한다. 3간의 마루에 있는 8개의 기둥은 팔괘, 12간은 일 년 12달, 16개의 기둥 사이에 4짝의 문을 두었으니 이렇게 생긴 64는 64괘를 뜻한다. 20간의 마루에 기둥 24개는 24절기를 뜻한다.

경회루 일층에서 바깥쪽을 둘러싼 기둥의 수도 24개이다. 북쪽 귀퉁이에서 동쪽으로 네 번째 기둥이 동지이다. 여기에서 출발해서 시계 방향의 순서로 24절기가 배치된다.

동지에서 출발하여 동지–소한–대한–입춘–우수–경칩–춘분–청명–곡우–입하–소만–망종–하지–소서–대서–입추–처서–백로–추분–한로–상강–입동–소설–대설–동지, 이렇게 다시 동지와 만난다. 24절기를 따라 계절이 순환하듯이 기둥들도 소리 없이 계절을 따라 순환하고 있다.

옛사람들이 3, 8, 12, 24, 36, 64 숫자로 풀어낸 자연의 질서들, 어떤 것은 들어본 것들이고 또 어떤 것은 익숙하지 않은 것들이다. 옛사람들의 자연 공부는 지금 우리의 자연 공부와 참 많이 달랐다. 옛사람들이 자연을 공부 삼았던 내용이 무엇이었는지 그 자체를 아는 것이 중요한 것은 아니다. 경회루 앞에서 우리는 옛사람들의 마음을 만날 수 있다. 자연을 탐색하고 가지런한 질서를 찾아내고, 자연의 질서와 함께하는 삶의 질서를 이해하고, 그래서 사람 사는 세상에 자연스럽게 자연의 질서를 닮은 건축물을 세웠던 사람들이 있었다.

생각해보기

처음
그 자리에 섰을 때

경회루는 지금 모습 그대로 주변의 풍경과 잘 어울린다. 인왕산이 가깝고 북악산과도 잘 어울린다. 경회루와 연못을 마주하고 섰을 때 지금 이 모습이 아닌 다른 모습을 상상하기 어렵다. 그러나 사람 사는 일이 그렇듯 처음부터 이 모든 것이 결정되어 있었던 것은 아니다.

정해진 장소에 연못을 크게 넓히고 누각을 새로 지어야겠다는 것, 이 일을 책임지고 추진할 사람들이 정해졌을 뿐 아무것도 결정되지 않은 때가 있었을 것이다. 여러 날을 두고 셀 수 없이 수많은 궁리들을 했을 것이다.

어쩌면 연못과 누각은 지금 우리가 보는 것과 전혀 다른 모습일 수도 있었다. 연못을 파고 누각을 세우고 경회루라는 이름을 짓고 현판을 걸었으니 그제야 경회루가 되었다. 누각은 다른 이름으로 불릴 수도 있었다. 이렇게 생각하면 경복궁에 가면 늘 볼 수 있는 경회루와 연못이 예사롭지만은 않다.

옛사람들은 누각을 세우면서 하늘과 땅의 이치와 인간의 이야기를 담기로 결정했다. 주변의 산과 어울리게, 습한 땅의 생태적 특성을 지혜롭게 다루면서, 지구의 물이 흘러가는 길목에서 사람의 필요에 따라 인공적으로 가두거나 물길을 돌리는 등 이용은 하되 그 길을 끊거나 막거나 방해하지 않는 방법으로 만들었다.

사람이 아무리 재주가 뛰어나도 자신이 모르거나 이해하지 못하는 것을 이용할 재간은 없다. 오늘날 우리가 연못과 누각을 짓고 이름을 짓는다면 지금 우리가 보고 있는 경회루와 연못과는 전혀 다른 원리를 적용하여 짓게 될 것이다.

경회루 연못 앞에서 우리가 시간을 거꾸로 돌려 연못이 이렇게 크지 않

고, 지금 보는 누각도 없고, 경회루라는 이름조차 아직 사람들의 머릿속에 없었던 그 시간 그곳으로 갈 수 있다면, 그래서 옛사람들이 연못과 누각 설계를 위해 씨름하던 그때로 돌아갈 수 있다면, 우리가 경회루에서 느끼는 감흥은 이전과는 전혀 다를 것이다.

연못은 얼마나 크게 만들어야 할까?
연못의 물은 어떻게 채울까? 지하수로도 충분할까?
연못을 크게 만들려면 지하수만으론 부족할 텐데 그럼 어디에서 보충할 수 있을까?
누각은 어디에 세우면 좋을까?
섬을 만들고 그 위에 누각을 앉힌다니 안전하긴 할까?
누각이 무너지지 않게 하려면 기반이 튼튼해야 하는데 무슨 좋은 방법이 없을까?
누각은 어느 정도 크기로 할까?
누각의 높이는 얼마가 좋을까?
연못을 만들면 섬은 어디에 만들까?
연못 안에 섬을 어떻게 꾸밀까?
누각의 이름은 무엇으로 지을까?

고민이 어찌 이것뿐이었을까. 설계도를 만든 사람에서부터 실제로 땅을 파고, 누각을 짓고 이 모든 것을 완성시켰을 사람들까지 많은 사람들의 안목과 솜씨, 경험과 수고로움이 있었을 것이다. 익숙해지면 있는 모습 그대로를 당연하다고 여기기 쉽다. 경회루와 한참 동안 마주 보고 서 있자니 세상에 더 이상 당연한 것이 없다.

해보기

- 정자를 만든다고 가정하고 설계 의도, 위치, 규모, 크기 등을 함께 정해보기.
- 자연을 공부하는 것과 자연물에 대해 공부하는 것은 같을까, 다를까? 서로 이야기해보기.
- '자연과 조화를 이루는 건축물'이라고 할 만한 세계 여러 건축물들을 뽑아보기.
- 도시의 건축물을 예로 들어 '자연관과 건축물의 관계'에 대해 이야기해보기.
- 건축물로 본 우리 시대 우리의 자연관은 어떤 것인지 짚어보기.

경회루가 있는 연못 마주 보기

경회루 연못가 나무의자에 앉아서

경회루는 우리나라 연못과 누각들 중에서 단연 으뜸이다. 시원스럽고 멋지다. 연못은 동서의 길이가 남북의 길이보다 긴 직사각형이다. 화강암으로 연못 가장자리를 둘렀다. 튼튼한 것으로 치면 화강암만 한 것이 없다.

창건 당시에 이곳은 지하수가 스며 나와 땅이 습한 곳이었다. 예로부터 땅이 습한 곳에는 즐겨 연못을 만들었다. 우리나라는 여름에 집중호우가 많기 때문에 연못에 물을 저장하여 활용하는 지혜들이 있었다. 궁궐 안에 연못을 파고 작은 누각을 세웠다. 누각이 기울어지는 일이 자주 일어나자 태종 12년에 박자청의 책임 아래 확장 공사가 진행되었다.

연못을 파고 누각을 짓는 일은 습한 땅을 다스리고 풍수에서 부족한 수기를 채우는 일이면서 동시에 궁궐 안에서 연회를 열 수 있는 장소를 마련하는 일이었다.

경회루는 나라의 경사를 축하하고, 왕이 신하들과 함께 연회를 열고, 왕이 직접 참석하여 과거를 보고, 무관들의 활쏘기 훈련을 관람하는 장소였다. 외국의 사신이 왔을 때 맞이하는 장소이자 전쟁에 출정하는 군사들을 불러 격려하는 곳이었다. 가뭄이 계속되었을 때는 기우제를 드리는 곳이기도 했다.

경회루의 '경회'는 임금과 신하가 덕으로 만나야 한다는 뜻이다. 올바르게 만나 올바르게 정사를 펼치고자 하는 이상이 담겼다. 오늘날 우리에게 '경회'는 자연과 인간이, 인간과 인간이 조화롭고 평화롭게 만나고 싶은 소망을 품게 한다.

경회루는 이층의 누각이다. '누'는 바닥이 땅의 표면에서 일정한 높이로 떨어져 있고 마루로 된 집이다. 경회루가 누각이라면 향원정은 정자이다. 정(정자)은 연못이나 개울가, 산 속에 경치가 좋은 곳에 지은 작은 집을 말한다.

경회루 연못은 못 바닥에서 솟아나오는 지하수와 향원지의 물로 채워진다. 북악의 물이 열상진원의 샘물로, 다시 향원지를 지나 땅속 수로를 통해 이곳으로 온다. 경회루로 물이 들어오는 입수구는 동쪽에 한 개, 북쪽에 한 개가 있다. 경회루의 동쪽에 담장이 없었을 때 동쪽 석축 가까이에 갈 수 있었고, 비가 쏟아지는 날이면 용머리 모양의 입수구에서 콸콸 소리를 내며 물이 떨어지는 모습을 볼 수 있었다.

자연과 어우러진 경회루 ©지슬

경회루의 '경회'는 임금과 신하가 덕으로 만나야 한다는 뜻이다.
올바르게 만나 올바르게 정사를 펼치고자 하는 이상이 담겼다.
오늘날 우리에게 '경회'는 자연과 인간이,
인간과 인간이 조화롭고 평화롭게 만나고 싶은 소망을 품게 한다.

궁궐의 연못이 아무리 크고 멋있어도 물이 잘 흐르지 않아서 고이거나 썩으면 낭패가 아닐 수 없다. 연못의 동북쪽이 남서쪽보다 높다. 자연경사가 있으니 물의 흐름이 자연스러워 사람이 일부러 에너지를 쓸 필요가 없다. 경회루 동쪽의 돌다리 아래 받침돌에도 신경을 썼다. 모서리를 45도 방향으로 틀어 물고기가 유선형 몸을 가진 것처럼 물이 잘 흐를 수 있게 만들었다.

연못 안으로 들어오는 찬물과 연못에 머물면서 더워진 물 사이에 밀도 차이가 생기면서 위아래로 물의 흐름이 생기기도 한다. 연못의 남쪽과 서쪽 가장자리가 만나는 곳에 연못의 물이 빠져나가는 배수구가 있다. 연못은 물을 가두려 하지 않아 돌아가는 문을 열어두었다.

연못 안에 세 개의 섬을 만들고 제일 큰 섬에 경회루를 앉혔다. 옛사람들은 섬이 물의 흐름에 변화를 준다는 것을 경험으로 알았다. 전통적으로 대개 연못의 가장자리는 네모지게, 그 안에 섬은 둥글게 만들었다. 유가의 천원지방 사상이 깔려 있다. 하늘(천)은 둥글고(원), 땅(지)은 네모지다(방)는 것을 형상화한 것이다. 경회루를 떠받치는 기둥을 봐도 네모 기둥은 땅을, 둥근 기둥은 하늘을 표현한다.

그런데 이곳의 섬은 둥글지 않다. 둘 다 네모지다. 천원지방 사상을 담았으되 틀에 갇히지 않았다. 참으로 유쾌한 반전이다.

옛사람들이 연못 안에 세 개의 산을 만든 것은 도가의 삼신산 사상과 관련이 있다. 삼신산은 예로부터 신선들이 산다고 알려진 세 개의 산이다. 큰 섬에 경회루를 앉히고 남은 두 개의 섬에 소나무를 심은 것도 신선이 사는 선경 세계를 표현한 것이다. 만약에 세 개의 섬 대신 "이곳은 신선들이 사는 세상입니다."라고 쓰인 팻말을 세웠다고 상상해보자. 공기 빠진 풍선처럼 맥 빠지는 일이 아닌가. 옛사람들은 삼신산을 꾸미고 소나무를 심어 신선들의 선경 세상을 꾸몄다. 신선을 본 적은 없지만 아주 드물게 왜가리 한 마리가 소나무 그늘 아래 꼼짝도 않고 서 있는 모습을 종종 볼 수 있다.

생각해보기

자연 연못이 멋진 공연장이 되었네

경회루 연못은 자연 친구들의 스케치북이다. 경회루가 먼저 연못 수면 위에 제 그림자를 길게 드리워 마치 데칼코마니 작품을 만들면 저 멀리 북악도 다가와 그 곁에 제 얼굴을 비춰 보인다.

겨울이 되어 연못의 물이 얼면 그 위에 흰 눈이 소복하게 쌓인다. 사람이 잎을 모두 떨군 벚나무 곁에 섰을 뿐인데 순식간에 하얀 얼음판 위에 멋진 수묵화 한 폭을 그려 선물한다. 그림의 제목은 '겨울나무와 사람이 있는 풍경'.

비가 내리는 날이면 연못에는 빗방울들의 즉석 공연이 열린다. 하늘에서 빗방울들이 우아한 무용수처럼 내려오고 연못을 무대 삼아 춤을 추기 시작한다. 빗방울들의 발끝이 수면에 닿을 때마다 여기저기에 동그랗게 파문이 생겨난다. 이렇게 멋진 공연을 놓치면 아쉽다.

기분 좋게 바람이 불어와 귀띔이라도 해주는 날엔 알아차리고 눈을 크게 떠야 한다. 연못 저 건너편 북쪽 담장 가까이에 있는 수양버드나무 가지를 잘 보라는 뜻이니까. 바람은 눈에 보이지 않는데 늘어진 버드나무 줄기가 한쪽으로 밀려간다. 놀이터에서 그네를 타는 어린아이의 등을 밀어주듯 바람이 버드나무에게 그네를 태워주고 있다. 수면에 닿을 듯 말 듯 버드나무가 그네를 타고, 연못의 수면도 따라가며 그네를 탄다. 물결이 그네 방향을 따라 잔잔하게 인다. 바람과 나무, 연못이 서로 친구가 되어 재밌는 그네 놀이를 한다.

가끔 연못 안 소나무 섬 주위에서 물결이 조용히 일렁일 때가 있다. 그럴 때면 오리들이 떼 지어 섬 주위를 빙빙 돌며 헤엄을 치고 있을 확률이 높다. 오리의 몸색이 섬 가장자리를 둘러싼 돌색과 비슷해서 눈에 잘 띄지 않는다. 반갑더라도 큰 소리를 치거나 해서 방해하지 않는 것이 좋다.

자연 친구들의 연못 공연장에 가면 바로 앞 좌석에 앉아 언제나 새로운 공연을 볼 수 있다. 남쪽 가장자리를 따라 수양벚나무, 버드나무, 회화나무들이 연못 공연장을 향해 서서 환호를 보낸다. 예전엔 세월의 무게를 견디지 못해 곧 쓰러질듯 누운 버드나무도 이곳에 있었다. 하지만 지금은 그 모습을 볼 수 없다.

해보기

- 연못 공연장에서 펼쳐지는 자연 친구들의 공연 감상하기.
- 내가 가장 좋아하게 된 공연은 무엇인지 서로 이야기해보기.

6장

강녕전

지붕에서 보물찾기, 합각

강녕전에서

소풍날의 기억을 떠올리면 빠지지 않는 것이 보물찾기 놀이다. 숲 속 여기저기에 미리 감춰놓았다는 단서만 가지고 풀숲을 살피고, 덤불도 헤치고, 나무 사이사이를 예리한 눈으로 훑으며 어린 마음에 기대가 가득했다.

궁궐에서 해보는 보물찾기 놀이도 재미있을까? 궁궐 안에 보물 상자가 숨겨 있고 그 상자를 찾는 사람은 오래오래 건강하고 행복하게, 두 배의 기쁨을 누리며 살 수 있는 행운이 온다면 찾고 싶은 마음이 생길까. '궁궐에 숨겨놓았으니까 어디 한번 찾아봐'라고 하면 너무 막연해서 시작할 마음도 안 생길 거다. 하지만 '전각에 있으니까 잘 찾아봐'라고 하면 해볼 만하다. 게다가 '너에게만 살짝 알려줄게, 보물은 지붕에 있어'라는 속삭임까지 듣는다면 다 찾은 거나 진배없다.

보물찾기에서 전각의 지붕이 단서가 되었으니, 먼저 지붕 이야기를 해보자. 한옥의 지붕에는 맞배지붕, 우진각지붕, 팔작지붕이 있다. 맞배지붕은 지붕면이 앞면과 뒷면으로 두 면이고 옆면이 트였다. 우진각지붕은 맞배지붕처럼 지붕면이 앞면과 뒷면으로 두 면이지만 옆면이 삼각형 모양으로 채워져 있다. 팔작지붕은 우진각지붕 위에 맞배지붕을 얹은 모양으로, 지붕의 네 귀퉁이마다 추녀를 하나씩 거는데 경쾌하고 날렵한 것이 생동감마저 준다.

지붕면과 지붕면이 만나거나 지붕면이 끝나는 부분은 흔히 기와를 쌓아 마무리한다. 대개 낮은 담 같은 모양이 생긴다. 이것을 마루라고 한다. 팔작지붕에서 지붕의 가장 꼭대기에서 지붕의 앞면과 뒷면이 만나는 부분이 용마루, 용마루의 양쪽 끝에서 수직으로 내려오는 마루는 내림마루, 내림마루에서 지붕의 네 꼭짓점을 향하는 마루를 추녀마루라고 한다.

근정전, 사정전, 강녕전, 교태전, 비현각, 자선당 등 대부분의 전각 지붕이 팔작지붕이다. 팔작지붕의 좌우 양쪽으로는 그 생긴 모양이 마치 합合자를 닮은 삼각형 공간이 있다. 합자를 닮았다 하여 합각이라고 부른다. 합각은 정면에서 보면 잘 보이지 않는다. 사람들이 하늘을 올려다보며 사는 법을 이미 잊은 지 오래인 데다가, 무엇보다 자투리 공간처럼 위장하기 쉬운 곳이니 보물 상자를 숨기기에 이보다 더 좋은 장소는 없을 것이다.

합각은 전각의 특성에 따라 다양하게 꾸민다. 목재나 전돌로 깔끔

팔각지붕의 합각 ⓒ지슬

옛사람들은 합각 안에 보물 상자 하나씩을 들여놓았다.
상자 안에 건강과 행복, 기쁨과 소망을 듬뿍 담았다.
눈이 밝은 사람들은 금세 알아차릴 수 있다.

하게 마감하여 아무런 장식을 하지 않은 곳도 있고 때로 나무 살대 몇 개를 수직으로 세워 작은 통기 구멍을 내기도 한다. 바람을 막으려는 목적으로 긴 나무판을 커튼처럼 내려 방풍판을 덧달기도 한다. 목재를 사용한 곳엔 대개 기둥과 같은 색으로 단청 옷을 입혔다.

강녕전은 임금님의 침전이다. 이곳의 합각은 가장자리마저 아름답게 장식했다. 강녕전의 동쪽 합각에 康자를, 서쪽 합각에 寧자를 하나씩 앉혔다. 康은 건강할 강, 寧은 편안할 녕, 康(강)과 寧(녕)을 하나로 모으면 康寧(강녕)이 된다. 각각의 글자는 네모로 반듯하게 틀을 짓고 두툼하게 검정 테두리를 둘러 한껏 돋보이게 했다. 강녕전에 딸린 부속 건물 연길당과 응지당의 합각에는 喜喜(쌍희)가 숨었다. 喜喜(쌍희)는 喜(기쁠 희) 두 개가 모인 글자로 기쁨이 언제나 가득하기를 소망하는 보물 상자다.

옛사람들은 합각 안에 보물 상자 하나씩을 들여놓았다. 상자 안에 건강과 행복, 기쁨과 소망을 듬뿍 담았다. 눈이 밝은 사람들은 금세 알아차릴 수 있다.

경복궁에는 보물 상자들을 곳곳에 숨겨두었다. 만춘전, 천추전에도 있고 흠경각, 함원전에도 있다. 교태전에도 있고 자경전에도 있다. 북쪽 담장 밖에 은행나무 세 그루가 모여 있는 곳에서 서쪽으로 몇 걸음 더 걸어와 북쪽을 바라보면 그곳에도 보물 상자가 하나 있다. 강녕전 합각에서 이미 보물 상자를 찾아보았으니 다른 곳에 가서도 꼭 찾을 수 있기를. 보물의 축복을 꼭 받아가시길.

생각해보기

새들아, 저기 가서 놀아라
-부시와 홰꽂이

전각의 처마에 촘촘하게 짠 그물 모양의 철망이 씌워져 있다. 부시라고 부르는 것인데 예전부터 있었던 것이다. 부시를 치기가 마땅치 않은 곳에는 홰꽂이를 꽂았다. 홰꽂이는 삼지창처럼 생겼다. 장소에 따라 몇 개를 적당한 간격으로 벌려 꽂거나 꽃다발 한 묶음을 꽃병에 꽂듯이 뭉쳐서 꽂기도 한다. 나무 부재의 길이를 따라 홰꽂이를 줄지어 꽂아놓은 곳도 있다.

전각에 부시 그물망을 치고 홰꽂이를 꽂아두는 데는 다 이유가 있다. 궁궐은 산과 가까이에 있어 날짐승들이 자주 날아들면서 궁궐 처마 밑에 둥지를 트는 일도 잦다. 새들이 둥지를 틀 정도의 자리를 내어주는 것이 전부라면 그리 어렵지 않을 것이다. 하지만 원치 않게 살생의 고리가 시작될 수 있다. 새들이 둥지를 틀고 이곳에 알을 낳게 되면 뱀과 같은 동물들이 새알을 노리고 전각 주변으로 올 수 있기 때문이다.

지구 생물들이 잡아먹고 잡아먹히는 그물 관계를 통해 살아가는 것은 자연의 법칙이다. 서로 원한이 있어서도 아니고 생물의 성격이 원래 포악해서도 아니다. 생태계 안에서 생물들이 살아가는 법칙이 그러할 뿐이니 사람이 간섭할 수 있는 일은 아니다. 하지만 궁궐 안에서 될 수 있으면 그런 일이 일어나는 것을 줄이고 피할 수는 있다. 그래서 사람들은 처마 밑에 부시를 치고 홰꽂이를 꽂아서 처음부터 둥지를 틀지 못하게 했다.

언젠가 한번 까치가 전각 처마 아래에 둥지를 틀려고 했던 흔적을 본 적이 있다. 사람들의 발길이 잘 닿지 않는 후미진 전각이었다. 까치는 보이지 않았지만 홰꽂이 위에 서너 개의 나뭇가지들이 어긋나게 겹쳐 얹혀 있고 기둥에는 새똥이 길게 흘러내렸다. 새똥은 산성 물질이라서 목재를 상하게 할 수 있다. 전각을 관리하는 아저씨로부터 새와의 신경전이 며칠째 계속되고 있다는 소리를 들은 지 얼마 지나지 않아 모든 상황이 종결되었다. 둥지는 사라졌고 처음부터 아무 일도 없는 듯 보였다.

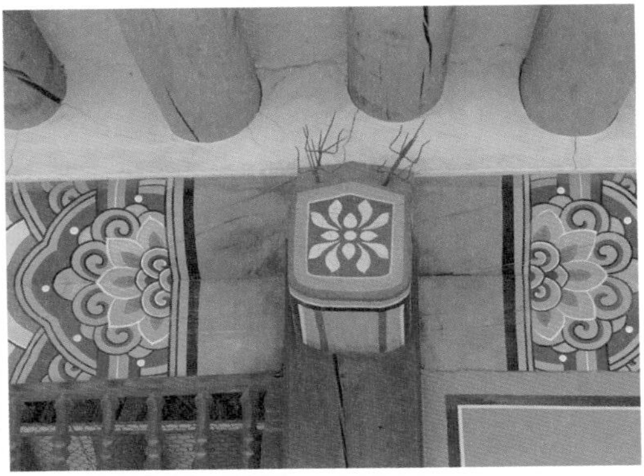

새들이 홰꽂이의 경고쯤은 무시할 만큼 용감해진 것일까. 아니면 도시의 숲들이 자꾸 작아지고 게다가 사람들의 눈에 노출이 많아지니 어쩔 수 없이 이런 선택을 하는 것일까. 사람이 좋아하지 않는다고 해서 물리쳐야 할 적은 아니다. 옛사람들은 부시와 홰꽂이를 만들었다. 이들 장치들은 사람들을 대신해 마음을 전했다. "얘들아, 저기 가서 놀아라." 살벌한 경고를 가장한 순한 부탁이었다. 그렇다면 오늘날 우리에게는 과연 어떤 장치가 있을까. 그 장치에 도사린 마음은 어떤 것일까.

정보 나누기

- 궁궐 안 보물 상자들을 모두 모아서 문자에 담긴 축복의 메시지들을 해독해 보기.
- 합각 안에 '正'(올바를 정)을 숨기고 있는 곳은 어느 전각인지 알아맞히기.
- 숲 속 야영장에서 벌레들과 싸우지 않고 지낼 수 있는 자신만의 비법 전수하기.

옛날 옛날에 한 효자가 살았는데

함원전 뒤 우물가의 앵두나무

어릴 적에 읽었던 〈옛날이야기 선집〉 중에 이런 이야기가 있었다.

옛날 옛날 어느 마을에 마음씨 착한 아들이 살고 있었어요. 어느 날 어머니께서 병이 들었어요. 착한 아들은 지극정성으로 어머니를 보살폈지만 차도가 없었어요. 그러던 어느 추운 겨울날이었어요. 어머니께서 갑자기 딸기가 먹고 싶다고 하자, 아들은 딸기를 구하러 깊은 산속으로 들어갔어요. 하루 종일 산 속을 헤매고 다녔지만 딸기를 구할 수가 없었어요. 날은 어두워지고 아들은 산 속에서 그만 길을 잃고 말았어요. 그런데 저 멀리에서 불빛이 반짝거리는 것을 보았어요. 아들은 지친 몸을 이끌고 그곳을 향해 걸어갔어요. 가까이 가보니 덤불 사이에 작은 동굴이 있었어요. 아들은 조심조심 동굴 안으로 들어갔어요. 동굴 안으로 한참을 들어갔을 때 갑자기 눈앞이 환해졌어요. 신기하게도 딸기 밭이 펼쳐져 있었어요. 아들은 자신의 눈을 믿을 수가 없었어요. 아들은 너무 기뻐서 딸기를 구해와 어머니께 드렸어요. 딸기를 드신 어머니는 병이 씻은 듯이 나았어요.

오늘날에는 한겨울에도 어렵지 않게 딸기를 구할 수 있으니 아이들에게 이 이야기는 아주 먼 옛날이야기로만 들릴 것이다. 에너지를 이용하는 기술이 발전하면서 딸기는 계절의 벽을 허물고 비닐하우스에서 나와 일회용 상자에 포장된 상품으로 우리 곁을 찾아왔다. 그 계절이 되어서야 맛볼 수 있었던 제철 과일에 대한 기다림과 고마움도 어느새 많이 퇴색되었다. 계절에 갇히지 않는 대신 크기와 맛에 따라 가격이 매겨지면서 상품이 되었다.

딸기에 비해서 앵두는 여전히 제철이 되어야 맛볼 수 있는 자연의 열매이다. 앵두 한 알에서 사람들은 앵두나무에 꽃이 피고, 꽃이 진 자리에 열매가 맺히고, 빨갛게 앵두가 익어가는 과정을 떠올릴 수 있다. 두 눈에는 또 다시 앵두를 만나는 반가움이 담기고, 입 안에는 저절로 군침이 고인다. 자연의 선물이 새삼 고맙고 다시 돌아온 계절을 통해 시간의 흐름을 실감하곤 한다. 나무의 꽃은 계절의 순환을 따라 피고 지기를 반복하면서 사람들과 인연을 맺으며 그렇게 세월을 동행한다.

궁궐 안 곳곳에 앵두나무들이 있었다. 지금도 여전히 앵두나무들

경복궁에서 만난 앵두나무 ⓒ지숲

앵두 한 알에서 사람들은
앵두나무에 꽃이 피고, 꽃이 진 자리에 열매가 맺히고,
빨갛게 앵두가 익어가는 과정을 떠올릴 수 있다.

이 우리를 맞이한다. 앵두나무에는 전해 내려오는 이야기가 있다. 함원전은 교태전의 서쪽에 있는데, 함원전 뒤로 가면 작은 동산 옆에 임금의 우물이 보인다. 이 우물 근처 화단에 앵두나무들이 제법 많이 심어져 있다. 지금 있는 앵두나무들은 모두 새로 심은 것이다. 그런데도 사람들은 이곳의 앵두나무들을 일부러 보러 온다. 이 앵두나무들 앞에서 문종 임금이 얼마나 효자였는지 아버지 세종 임금을 위해 이 나무들을 심었다는 이야기를 하곤 한다. 아버지에 대한 효성이 지극했던 아들의 이야기는 앵두나무 앞에서 오늘도 되풀이되고 있다. 앵두나무들은 사람들이 자기 앞에서 자기 이야기를 그렇게 재밌게 주고받는 모습을 모르는 척하며 말없이 듣고 있을 것이다.

생각해보기

이야기가 있는 앵두나무

앵두나무는 궁궐에만 있는 특별한 나무가 아니다. 습한 곳에서 잘 자라기 때문에 사람들은 동네 우물가에 앵두나무를 즐겨 심었다. 앵두나무는 시야를 적당히 가려주고 꽃도 예쁘고 빨간 열매가 보기에도 좋을 뿐 아니라 맛까지 있다. 생활에 필요한 물을 우물에서 공동으로 사용하던 시절에 우물가는 동네 사람들이 모이는 장소였다. 동네 아줌마들의 생생한 수다와 함께 알짜배기 정보들이 교환되었을 것이다. 당시에도 엄친아, 엄친딸이 왜 없었겠는가. 우물가를 지나며 맘에 둔 처자가 나와 있는지 은근슬쩍 살피던 동네 총각도 있지 않았을까. 앵두나무 우물가에는 사람 사는 이야기가 넘쳐났을 것이다.

앵두나무는 여러 갈래 길을 통해 사람 사는 풍경 안으로 들어온다. 영화 〈내 마음의 풍금〉은 배우 전도연과 이병헌이 주연을 맡았는데 두 사람의

풋풋한 모습이 매우 인상적이다. 어느 날 시골 초등학교에 젊고 잘 생긴 총각 선생님이 새로 부임해오고, 이 학교에 다니는 늦깎이 초등학생인 홍연이는 선생님을 좋아하게 된다. 하지만 행동은 마음 같지 않아서 일은 늘 어긋나고 작은 오해들이 쌓인다. 자신의 미안한 마음을 차마 말로는 할 수 없었던 홍연이는 빨갛게 익은 앵두를 한 사발 담아서 선생님께 전한다. 그릇에 수북하게 담긴 앵두는 두 사람의 마음을 자연스럽게 풀어준다. 사람들 사이에 화해의 전령사가 되어준 자연 친구가 어찌 앵두뿐이랴만은 또 앵두만한 것도 없을 것 같다.

앵두나무가 주인공인 노래도 있다. 홍대 앞 작은 카페에서 소이라는 이름의 가수가 '앵두' 노래를 부르는 것을 들어본 적이 있다. 통기타 반주에 맞춰 부르던 보사노바풍의 그 노래, 봄바람 같던 리듬에 실려 오던 빨갛게 잘 익은 앵두 열매에서 상큼한 맛이 느껴졌다.

내게도 앵두나무에 얽힌 일화가 있다. 생물 선생님이었던 그때 그 시절, 일직을 하고 있던 어느 일요일 오전에 반 아이들 몇몇이 교무실로 놀러왔다. 함께 학교 주변을 산책하다가 아이들은 잘 익은 앵두를 발견했다. 당시 교장 선생님께서는 나무를 무척 아끼는 분이었다. 나무에 이름표를 달아주고 싶어 하셔서 학교에 있는 나무들을 같이 둘러본 적이 있었다. 앵두나무 역시 사랑받고 있는 나무였다. 그때 두 뺨 위에 주근깨가 수북하게 난 '그 아이'가 앵두를 몇 개 따서는 자기 입에 톡 털어넣었다. 둘러선 친구들에게 맛있는 표정까지 지어보였다. 아이들이 술렁거리자 그때 그 아이의 대답이 걸작이었다. "뱃속에 있으면 아무도 몰라." 앵두꽃처럼 참 소박한 시절이었다. 그날 이후 앵두나무는 아이들과 그날의 추억을 떠올리게 하는 아주 특별한 나무가 되었다.

"앵두 같은 입술"이라는 말을 들었다면 사람들의 반응은 각기 다를 것이다. 앵두꽃이 피고 열매가 맺은 것을 보고, 앵두 열매를 먹어본 사람이라면 그 말을 들었을 때 얼굴에 금방 표정이 드러나고 말 것이다. 하지만 앵두나무를 한 번도 본 적이 없거나 작고 앙증맞은 앵두 열매의 느낌과 맛을 모르는 사람이라면 전혀 감흥이 오지 않을 것이다. 한국 문화를 아직 잘 모르는 외국인이 한국어를 처음 배울 때 눈에 보이는 문자로만 '앵-두-같-은-입-술'이라고 읽는 것과 같지 않을까. 우리는 눈과 귀, 입과 손으로 자연 친구들을 만난다. 그 만남은 우리가 쓰는 말 속에도 자연스레 자리 잡는다.

사람 사는 동네에는 사람들과 인연을 맺은 나무들도 함께 살아간다. 우리들이 웃고 울며 살아가는 이야기들을 모두 알고 있지나 않을까. 사람들

곁에서 녹음테이프를 감듯이 나무는 자신의 나이테에 하나하나 그 이야기들을 담아두고 있지는 않을까. 긴 세월을 함께 보낸 사람과 나무. 나무의 나이테는 굵어지고 그만큼 사람의 연륜도 쌓여간다.

나무와 친구 되기

- 『나의 라임오렌지나무』에 나오는 제제의 라임오렌지나무, 『어린 왕자』에 나오는 어린왕자의 장미꽃처럼 나에게 특별한 자연 친구에 대해 이야기해보기.
- 늘 보면서도 그동안 관심이 없어 그 존재조차 몰랐던 자연 친구와 인사하기.
- 그동안 읽은 책 중에서 '나무가 있는 이야기'들을 떠올려보기.

7장

교태전

멋진 옷 차려입고 신사 모자까지 쓰고

교태전 양의문 앞에서

교태전에 가려고 양의문을 지나려다 보면 문의 양쪽을 장식한 구조물이 발목을 잡는다. 양의문이 열린 곳은 교태전의 남쪽 담장이다. 이 구조물은 담장에서 한 뼘 앞으로 돌출되었는데 뒤로 몇 걸음 물러서면 더 잘 보인다.

이제 보니 굴뚝이다. 담장 안에 자리를 잡았으나 굴뚝의 정체를 알리려는 듯 앞으로 나왔다. 폭이 넓다. 붉은 빛이 도는 전돌과 삼화토 흰줄무늬를 이용해 굴뚝에 옷을 지어 입혔다. 가운데 직사각형으로 길게 칸을 만들어 네 개의 문자로 무늬를 넣었다. 萬壽無疆(만수무강)이라는 글자가 디자인 옷을 입으면서 멋진 무늬로 변신했다. '부디 만수무강하십시오'라는 뜻이다.

굴뚝은 기와 위로 목을 뻗었고 머리에 연가를 이고 있다. 연가는 작

붉은 빛이 도는 전돌과 삼화토 흰줄무늬를 이용해
굴뚝의 옷을 지어 입혔다.
가운데 직사각형으로 길게 칸을 만들어
네 개의 문자로 무늬를 넣었다. 만수무강.

은 집을 얹은 모양이다. 연기가 잘 빠져나갈 수 있게, 공기가 거꾸로 흐르지 않게 돕는다. 굴뚝에게 멋진 옷을 차려입히고 신사 모자까지 갖춰 씌웠다. 그런데 이 굴뚝은 어디와 연결되어 있을까. 교태전 담장을 차지했으나 이 굴뚝은 교태전에 속한 것이 아니다. 교태전 앞에 강녕전의 굴뚝을 뒤로 빼내 이렇게 만들었다.

강녕전은 임금께서 주무시고 씻고 수라를 드시는 등 일상생활을 하던 장소이다. 신하들이 퇴근하여 집으로 돌아갈 때 임금께서는 사정전에서 강녕전으로 돌아와 편안한 옷으로 갈아입고 쉬었을 것이다. 가운데 마루가 있고 동쪽과 서쪽에 온돌방이 하나씩 있다. 방은 우물 정井자형으로 모두 아홉 칸이고 대청마루에서 첫 칸은 남북으로 통해 있다. 왕은 가운데 방에서 주무셨다. 방의 칸은 고정되어 있지 않아 필요에 따라 방의 크기를 달리 할 수 있었다. 사방에 십장생 병풍을 세워 장식을 하기도 했다.

강녕전과 교태전의 사이 공간은 넓지 않다. 강녕전 뒤로 굴뚝을 빼내면서 교태전의 담장과 합체시켰다. 담장 안에 굴뚝을 만들면서 굴뚝의 자존심을 세워 멋지게 만들었다.

그럼 교태전의 굴뚝은 어디에 있을까. 교태전에도 마루를 사이에 두고 동서로 온돌방이 하나씩, 그리고 부속 건물에도 온돌방이 있다. 온돌방과 이어진 굴뚝들은 후원에 자리 잡았다. 전각의 뒤에서 꽃계단(화계)이 있는 곳까지 연기 길을 길게 빼냈다. 육각형의 다부진 몸매에 튼실하고 우직해 보이는 굴뚝들이다.

생각해보기

방화벽과 개굴

틈튼하게 지키는 일에는 돌만 한 것이 없다. 방화벽은 방화장이라고도 하는데 이름 그대로 화재를 막기 위해 세운 벽이다. 세종 임금 때 한양에 큰 불이 난 적이 있었다. 집들이 너무 가까이에 있어 한 번 불이 나면 걷잡을 수 없이 피해가 커졌다. 이런 일을 막기 위해 화방벽을 쌓았다. 화방벽은 주로 바깥쪽 담벼락에 만든다. 궁궐 안에 전각과 행각을 둘러싼 바깥 담벼락에는 거의 화방벽이 있다.

화방벽은 어떻게 쌓았을까. 먼저 담벼락 바깥으로 맨 아래에 무사석을 놓는다. 무사석은 직사각형으로 반듯하게 다듬은 석재이다. 그 위에 사고석을 몇 단 쌓는다. 사고석은 화강암을 네모 모양으로 적당하게 잘라낸 돌들이다. 사고석의 표면은 매끈하게 깍지 않고 자연스럽게 돌의 특성을 살려 다듬는다. 그 위에 다시 전돌들을 일정한 높이로 쌓는다. 전체적으로 묵

직하고 든든하다.

돌과 돌 사이에 흰줄무늬들이 두툼하게 돌출되어 있다. 마치 밀가루 반죽을 길게 만들어 테를 두른 것 같다. 흰줄무늬는 삼화토로 만들었다.

삼화토는 이름 그대로 점토(황토), 강회(석회), 석비레, 이 세 가지 흙을 대략 1:1:1로 섞어 만든다. 석비레라는 흙 이름은 참 생소하다. 석비레는 마사토 또는 푸석푸석하게 잘 부서지는 굵은 입자가 섞인 화강암이다. 전통적으로 지붕을 양성할 때 삼화토를 바른다. 경복궁 전각 지붕들에서 쉽게 볼 수 있다. 삼화토로 지붕을 싸 바르면 매우 튼튼해서 곡괭이로 내리쳐도 깨지지 않는다고 한다. 방화벽을 쌓으면서 삼화토 흰줄무늬로 테를 두르면 담장을 튼튼하게 쌓을 수 있을 뿐 아니라 장식 효과도 있다.

화방벽을 쌓은 모습은 장소에 따라 약간씩 다르다. 담장 한 면을 전부 화방벽으로 덮은 곳도 있고, 화방벽 사이사이에 나무 기둥을 겉으로 보이게 한 곳도 있다. 나무 기둥을 그대로 살려 기둥과 기둥 사이에 화방벽을 덮기도 한다. 이때 나무 기둥 주위에 대개 긴 나무 판자를 양쪽에서 보호하듯이 세운다. 이렇게 하면 나무 기둥의 통풍이 잘 되고 방화벽이 비를 막아주어 나무가 쉽게 썩지 않는다. 처음에 방화벽은 화재를 막기 위한 실용적인 목적에서 쌓기 시작했으나 나중에는 점점 꽃담으로까지 발전했다.

양의문 서쪽 담장에는 또 하나의 재밌는 구조물이 있다. 사고석의 맨 위층에 구멍이 뚫려 있다. 크기는 공책보다 작고 기왓장으로 만들었다. 마치 블라인드를 잘라 끼워놓은 것처럼 '亖' 모양이다. 긴 구멍 하나의 높이는 손가락을 나란히 펴서 안으로 쏙 집어넣을 수 있을 정도의 크기이다.

이것의 정체는 뭘까? 담장 밖과 통해져 있고 담장 안쪽으로 방들이 있었다는 것으로 짐작할 수 있다. 이것의 이름은 개굴이다. 개굴은 연기가 빠져나갈 수 있게 만든 연기 배출 장치이다. 한옥엔 개굴이 있지만 그 위치와 모양은 저마다 다르다. 궁궐의 개굴도 이처럼 개성이 있다. 궁궐의 곳곳에 개굴이 있다. 사정전의 동쪽 담장을 지날 때 사현문 오른쪽에 사람 어깨 높이쯤에 자리 잡은 개굴을 찾아보는 것도 소소한 즐거움이다.

찾아보기

- 사정전 동쪽 담장의 사현문을 지나기 전에 담장에서 개굴을 찾아보기.
- 궁궐 안 또 어느 곳에 개굴이 있는지 찾아보기.
- 개굴이 있는 곳 주변에서 아궁이가 있는지, 담장 안쪽에 방이 있는지 살펴보기.
- 경성전(강녕전의 서쪽) 뒤에 있는 문으로 나와서 내성문(乃成門) 현판을 확인하고 개굴, 굴뚝, 담장 아래 물길 확인하기.

교태전에 아양 떠는 교태는 없다

교태전 마루에 앉아서

교태전은 경복궁의 중앙 자리에 있다. 그래서 중전 또는 중궁, 이곳에 계신 분을 중전마마라고 불렀다. 교태전은 동쪽에 원길헌, 서쪽에 함홍각, 뒤쪽으로 'ㄱ' 자형 건순각이 딸려 있어 임금님의 침전인 강녕전보다 규모가 더 크다. 작은 동산까지 만들어놓았다.

대청마루에 올라 흙 마당도 보고 방 안도 보고 뒤뜰도 보면서 쉬어가기에 좋다. 여름철에 건순각의 창호들까지 활짝 열릴 때 방 안 천장의 단청 문양도 볼 수 있다.

옛 살림집과 마찬가지로 방과 마루의 천장 높이가 다르다. 방은 낮아서 아늑하고 편안히 쉬기에 좋고, 마루는 높아서 정신이 맑게 깨어 있기 좋다. 자연스럽게 기류의 흐름이 생겨 집에도 좋다. 대청마루에서 보면 방과 마루의 천장 높이 차이만큼 벽에 빈 공간이 있다. 옛날

교태전 내부 ©문화재청

교태전이라는 이름은 주역 64괘 중에서 태泰괘에서 왔다.
태괘는 하늘(건괘)이 아래에 있고, 땅(곤괘)이 위에 놓인 모양이다.
하늘은 양의 속성이 있어 위로 향하려 하고
땅은 음의 속성이 있어 아래로 향하려 하니
음양의 움직임이 매우 활기차고 조화로우며 태평하다.

에 이곳에 멋진 그림이 장식되어 있었다고 한다. 언젠가 예전의 모습을 찾게 되지 않을까.

중전마마는 중전에서 내명부의 총책임자로서 내명부 일을 맡아 처리했다. 내명부는 궁궐에서 벼슬이 있는 여성들이다. 먼저 정1품에서 종4품까지 빈, 귀인, 소의, 숙원 등의 후궁들이 있고, 궁녀는 정5품에서 종9품까지 품계가 있었다. 궁녀는 상궁과 나인(내인)이 있었는데 상궁이 정5품으로 가장 높았다. 궁궐에는 무수리처럼 벼슬이 없는 여성들도 있었다. 무수리들은 궁녀들을 도와 온갖 궂은일을 도맡아 했었고, 그들에게는 우물의 물을 길어 나르는 일이 가장 큰 일이었다.

중전이 총책임을 맡아 국가 행사를 치루기도 했는데 대표적으로 친잠례가 있었다. 친잠례는 날을 정하여 '누에의 신'인 선잠에게 제사를 지내고 왕비가 직접 뽕잎을 따고 누에를 치는 행사였다. 조선 시대에 실을 뽑고 옷감을 짜고 옷을 짓는 일은 매우 중요한 생산 활동이었다. 나라에서는 한양의 동쪽과 서쪽에 각각 잠실을 크게 두어 뽕나무를 심고 누에를 쳤다. 이 일은 모두 여성들의 손을 일일이 거쳤고 왕비가 총책임을 맡아 진행했다. 경복궁엔 뽕나무들이 많은데 옛날에는 지금 보는 것보다 훨씬 더 많았다고 한다.

오늘날 영조 43년(1767) 친잠례에 대한 기록이 전해져 내려온다. 정성왕후 서씨가 혜경궁 홍씨와 세자빈, 내외명부의 부인들을 거느리고 경복궁 후원에서 친잠례를 행했다. 왕비는 예복을 갖춰 입고 여러 사람들을 거느리고 행차하여 가장 먼저 선잠단에 제사를 올린다. 그리고 옷을 갈아입은 후 지팡이 모양의 갈고리를 이용하여 기다란 뽕나무 가지를 당겨 정해진 수만큼의 뽕잎을 따서 광주리에 담는다. 광주리는 대나무를 쪼개어 엮어 만들었는데 손잡이가 달렸다. 그 뒤를 이어 동행을 한 부인들이 각각 뽕잎을 따서 광주리에 모은다. 이 일이 끝나면 왕세자빈이 무리를 인솔하여 누에가 있는 곳으로 이동한다. 누에는 한양에서 가장 좋은 누에들을 선별해서 미리 준비해둔다. 그곳에 누에를 치는 여성이 기다리고 있다가 뽕잎 광주리를 전해 받았다. 모은 뽕잎을 썰어 누에에게 나눠준다. 이렇게 친잠례 행사가 모두 끝나면 왕비는 다시 예복으로 갈아입고 내전으로 돌아와 잔치를 베풀었다고 한다.

교태전이라는 이름은 주역 64괘 중에서 지천태泰괘에서 왔다. 지천태괘는 하늘(건괘)이 아래에 있고, 땅(곤괘)이 위에 놓인 모양이다. 하늘은 양의 속성이 있어 위로 향하려 하고 땅은 음의 속성이 있어 아래로 향하려 하니 음양의 움직임이 매우 활기차고 조화로우며 태평하다. 천지가 부모가 되어 만물을 낳아 기르듯이 왕과 왕비가 왕자를 낳아 기르는 일에서도 천지자연의 충만한 기운이 가득 깃들기를 바라는 마음을 느낄 수 있다.

생각해보기

자원 절약과 재활용 기술을 자랑 마라

경복궁에도 자원 재활용 분리 수거 상자들이 있다. 이 상자들은 지나가는 사람들에게 온몸으로 자원 절약과 재활용을 확인시키며 그 자리에 서 있다. '번데기 앞에서 주름잡는다'고 했던가. 알고 보면 경복궁은 그 자체로 자원을 절약하고 재활용하며 살았던 지혜들로 가득하다.

1917년의 어느 날 창덕궁 대조전에 큰 화재가 있었다. 그때 경복궁 강녕전과 교태전을 뜯어내 그 부재들을 가지고 대조전을 다시 지었다. 지금의 교태전은 새로 지어진 것이다. 사람 사는 집이 장난감도 아닌데 뜯을 수 있고 또 그것으로 다시 집을 지을 수 있다니 정말 놀라운 일이 아닌가. 어느 동네의 아파트 한 동, 아파트가 아니더라도 낡은 주택 한 채를 허물었을 때 건축 재료들을 알뜰살뜰 모아서 다른 곳에 새 아파트를 짓고 새 집을 짓는 데 다시 쓸 수 있을까? 처음 지을 때부터 튼튼하게 잘 짓고 나중에 건축 재료의 상당 부분을 재사용하고 재활용할 수 있는 방식으로 짓는 일도 가능하지 않을까? 하지만 오늘날 그렇게 집을 짓는 사람은 많지 않다. 대개 건축 폐기물이 되어 전용 운반차에 실려 어디론가 실려 가버린다. 어디선가 새로운 자원들이 끝없이 실려 오고 또 어디론가 쉴 새 없이 내다 버리느라 바쁘다. 그러면서 지구 자원이 고갈되는 것을 걱정하고, 버려진 폐기물들이 지구를 심각하게 오염시킨다고 목소리를 높인다.

경복궁에선 나중에라도 애물단지가 될 것들이 그리 많지 않다. 기와, 나무, 돌, 흙 등은 자연에서 왔으니 언제라도 자연으로 다시 돌아갈 수 있다. 더러 태워 땔감으로도 쓸 수 있다. 크고 작은 나무 부재들을 차곡차곡 짜 맞추어 지었으니 풀어내면 다시 쓸 수 있다. 큰 나무 부재는 작은 부재들로 다듬어 쓸 수 있다. 그래도 버려지는 것들이 있지만 쓰레기라는 이름이 부끄럽지 않다. 원래 쓰레기는 생활에 더 이상 사용할 수 없거나 필요가 없어진 것을 말한다. 쓰레기도 쓰레기의 자격이 있다. 우리 시대에 와서 쓰레기는 더럽고 불결하고 냄새나고 처리해야 하는 골칫덩어리가 되었고, 제 쓰임을 다한 후에 자연으로 돌아가는 존재였던 쓰레기는 자존심에 상처를 입었다.

집은 자연과 인간이 만나는 곳이다. 궁궐도 기본적으로 집이다. 땅 위에 터를 잡고 자연의 재료들을 가져와 사람들이 살아갈 집을 짓는다. 흙, 모래, 나무, 돌 등은 자연에 속해 있고 집은 사람의 영역이다. 그런데 그 집이 자연을 닮았고, 자연과 어울린다면 그 이유는 무엇일까? 세상엔 다양한 건축 기술과 공법이 있고 모든 기술과 공법이 자연을 파괴하는 것은 아니다. 기술과 공법만을 탓할 일은 아니다. 예전이나 지금이나 집을 짓는 재료는

모두 자연에서 가져온다. 기술과 공법이 냉담한 칼날이 되어 자원을 고갈시키고 자연을 파괴하면서까지 집을 짓게 될지, 아니면 따뜻한 손길이 되어 자연과 사람이 어울리는 순한 집을 짓게 될지, 그것을 조율하는 끈은 사람이 쥐고 있다.

느껴보기

- 신발을 벗고 마루에 올라가 사뿐사뿐 걸어보기. 발바닥이 나무와 닿는 느낌, 마루를 걸을 때 나는 소리에 귀 기울여 들어보기.
- 여름철 더위도 피할 겸 마루에 앉아보기. 후원과 마루, 마당을 가로막았던 것들이 사라지고 서로 통하면서 시원하게 불어오는 바람을 온몸으로 느껴보기.
- 햇볕이 뜨거운 한낮, 마당엔 열기에 숨이 막히는데 마루에서 느껴지는 시원함은 어디에서 오는지 눈을 감고 생각해보기.

땅을 북돋으니 삶이 풍요롭다

교태전 후원(뒤뜰)에서

교태전 뒤로 정성들여 잘 가꾼 후원이 있다. 경회루 연못을 넓히는 공사를 하면서 퍼낸 흙을 가져와 작은 동산을 쌓고 여기에 꽃밭을 만들고 아미산이라는 이름까지 지었다.

정면으로 마주 보이는 곳에 약간 갸름하고 검은 얼굴을 한 돌이 모셔졌다. 조금 거리를 두고 양쪽으로 예쁘게 못생긴 돌도 자리를 잡았다.

화강암으로 네모진 돌그릇 두 개를 나란히 놓았고 이름을 새겼다. 하나는 낙하담이고 또 하나는 함월지이다. 낙하담은 노을이 지는 물웅덩이라는 뜻이고, 함월지는 달을 품은 연못이라는 뜻이다. 작고 소박해 보이는 화강암 돌그릇에 우주가 초대되었다.

작은 동산에 굴뚝이 네 개씩이나 앉았다. 이 굴뚝들은 교태전 온돌방과 연결되어 있다. 땅속으로 길게 연기 길을 빼면 열이 머무는 시간

달을 품은 연못, 함월지 ⓒ지숲

함월지는 달을 품은 연못이라는 뜻이다.
작고 소박해 보이는 화강암 돌그릇에 우주가 초대되었다.

이 길어져 보온 효과가 높아진다. 굴뚝이 올라앉으니 후원 마당도 널찍해졌다. 굴뚝이 꽃밭에 함께 살면서 꽃처럼 아름다워졌다. 육각형의 다부진 몸매에 머리에 기와와 연가 모자까지 갖춰 썼다. 순하게 붉은 빛깔의 전돌 옷을 입었는데 소나무, 매화, 모란, 대나무, 불가사리와 박쥐 문양으로 한껏 멋을 냈다. 키 작은 굴뚝으로 하얀 연기가 스멀스멀 빠져 나오면 연기의 흰 손길이 닿는 곳마다 벌레들도 주춤거렸을 것이다.

아미산이라고 부르는 이 작은 동산은 중전마마를 위해 특별히 만든 꽃밭으로 잘 알려져 있다. 이곳엔 풍수와 관련된 재밌는 이야기가 전해진다. 아미산은 태종 12년(1412)에 만들어졌고 그때 교태전은 없었다. 세종 임금 때 와서 교태전을 짓기 시작했으니 아미산을 쌓은 다른 이유가 있다는 것이다.

풍수에서 말하길 주산의 산줄기는 완만하게 흘러내리면서 봉긋이 솟아오르는 작은 둔덕을 만드는데 그것을 '잉'이라고 한다. 그리고 산의 생기(생명력)가 흐름을 멈추어 한 곳에 모이는 곳을 '혈'이라고 한다. '잉'에서 '혈'은 탯줄처럼 이어져 있고, 잉은 혈 자리를 만들기 때문에 매우 중요한 곳이다. 그래서 사람들은 잉에 흙을 쌓아서 보호하고 기운을 북돋아준다. 그 모양이 미인의 눈썹처럼 생길수록 좋다. 아미는 누에나방의 눈썹처럼 아름다운 눈썹을 뜻한다.

풍수의 눈으로 보면 교태전의 후원이 있는 자리는 경복궁의 북쪽으로 가장 가까이에 있는 북악의 산줄기가 궁궐 안으로 들어오는 곳이다. '잉'에 해당한다. 그래서 산의 생기를 보호하기 위해 흙을 가져와 쌓았고 이름도 아미산으로 지었다. 아미산이 만들어진 이후에 교태전을 지었고 꽃계단을 꾸몄다는 것이다. 이것이 사실이든 아니든 상관은 없다. 산을 생명이 있는 존재로 느꼈으며 산과 삶터가 만났을 때 자연스러움을 지키고 보호하기 위해 애썼던 옛사람들의 마음을 느껴보는 것으로도 충분하다.

꽃계단은 화계라고도 하는데, 전통적으로 경사진 지형을 처리하는 아주 독특한 방법이다. 오늘날 조경 기술에 비교해봐도 생태적으로 매우 뛰어나다. 아래에서 위로 단을 뒤로 밀리듯이 쌓고 각각의 단마다 꽃과 나무들을 심고 가꾸었다. 흙이 흘러내리거나 침식되지 않게 막아주는 옹벽 역할을 하는 동시에 화단이 되었다. 규모도 아담하여 부담스럽지 않고 높지 않아 보기에도 안정감이 있다.

생각해보기

자연을 통합적이고 전체적으로 이해하는 안목

오늘날 우리에게 풍수라는 말은 낯설다. 삶의 경험 속에서 자연스럽게 접하고 배울 기회가 없다 보니 오해와 선입견도 만만치 않다. 명당을 찾아 헤매는 사람 이야기, 명당을 만나 집을 짓거나 조상의 묏자리를 만들었더니 크게 출세를 했다거나 집안이 번성했다는 이야기, 묏자리를 잘못 써서 집안에 화근이 생겼다거나 망했다는 이야기들이 옛날이야기가 되어 사람의 입에서 입으로 오르내린다. 많고 많은 사람 중에 이런 사람도 있고 저런 사람들도 있지 않겠는가. 이런 종류의 이야기들이 풍수의 전부는 아니다.

풍수가 사람을 미혹시키는 한낱 조잡한 기술에 불과한 것이었다면 한때 생겨났다가 이내 사라지고 말았을 것이다. 풍수 사상은 어렵게 그 맥을 이어오다가 최근 들어 전통 자연관의 하나로 새롭게 주목받고 있다.

풍수는 옛사람들이 자연을 이해했던 안목이며 살면서 경험을 통해 알게 된 지혜들이 눈처럼 소복소복 쌓인 것이다. 풍수는 명당을 이야기하고 명당이 갖추어야 할 조건이 있다고 말하지만 현실적으로 좋은 땅을 가려내기 위한 것이 아니다.

땅의 특성을 살피고 이해하려고 했던 것은 사람이 땅에 기대어 의존하며 살아가기 때문이다. 살기에 좋은 땅이면 생기를 보호하고 지켜갈 수 있게 삶을 앉히고, 무엇이 부족한 것이 있으면 채우고, 지나친 것은 누르거나 다스리는 방법을 써서 사람들이 더불어 살 수 있는 좋은 땅으로 가꾸었다. 풍수는 땅과 사람이 조화롭게 공존하고자 했던 전통 지혜이며 매우 현실적이고 실천적인 자연관이었다.

풍수에서 땅은 어머니이며 생명을 지닌 존재였고 사람이 함부로 이용할 수 있는 대상이 아니었다. 땅은 사람이 살아가는 데 필요한 것들을 제공해 주었고 사람은 땅에 기대어 살았다. 우리도 땅을 어머니라고 말한다. 지구는 살아 있으며, 우리는 살아 있는 지구를 대지의 여신 '가이아'라는 이름으로 즐겨 부른다. 하지만 우리가 현실에서 땅을 대하는 행위는 우리가 말하는 것과 많이 다르다.

옛날에 풍수지리에 아주 밝은 지관이 있어 사람들과 함께 높은 산에 올라 땅을 내려다보며 대화를 나누는 모습과 오늘날 부동산 공인중개사와 손님이 동행하여 땅을 쳐다보는 모습이 묘하게 겹쳐진다.

우리도 우리 나름대로 땅을 보는 안목이 있다. 땅을 보는 안목은 곧 땅에 대한 인식이다. 인식이 어떠한지에 따라 사람과 땅의 관계가 영향을 받고 그러한 상호 관계 안에 우리 삶이 놓인다. 삶 속에서 우리가 땅을 만나는

관계들이 틀 지워지고, 그러다보니 우리가 땅을 보는 인식도 자꾸 반복 학습되어 강화된다.

인식의 좁은 틀에 갇힌 우리에게 땅은 무엇인가? 땅은 더 이상 지구의 땅이 아니다. 사람이 소유하는 물건이 되었고, 땅의 가능성도 더 이상 생기, 생명력, 생태적 특성에서 찾지 않는다. 땅에서 경제적 효율성을 볼 뿐 지구 생명을 품고 키워내는 생태적 효율성은 무시된다. 땅은 면적, 평수, ㎢, 부동산, 토지, 시세, 투기, 역세권, 개발, 세금, 재산이라는 좁은 프리즘에 갇혔다.

땅으로 인해 벌어지는 갈등과 문제들은 대개 땅 자체의 문제는 아니다. 인식의 충돌이며 가치의 충돌이자 삶의 방식과 실천 행위의 충돌이다. 이는 땅과 사람의 관계를 자연스럽게 이해할 수 있는 인식의 부재에서 온다.

지금 우리에게 필요한 것은 풍수 사상을 그대로 가져오는 것이 아니다. 옛사람들이 땅을 어떻게 인식했으며, 땅과 삶의 관계는 어떠했는지, 현실적인 삶의 방식으로 어떻게 실천하며 살았는지 살펴 배우는 일이다. 또 땅과 삶의 상호 관계를 통합적이고 총체적으로 이해하는 안목을 새롭게 일으켜 현실 속에서 실천하는 일이다.

찾아보기

- 주변 꽃밭에 무슨 꽃이 피었는지, 화단을 어떻게 꾸몄는지, 누가 보살피고 있는지 살펴보기.
- 옥상 텃밭이 있다면 시간에 따라 어떤 변화가 일어나는지 자주 찾아가보기.
- 산을 절개하여 도로를 만든 곳을 지날 때 절개지를 어떻게 처리했는지 눈여겨 살펴보기.
- 주변에 경사지를 들여넣는 방식으로 땅을 처리하고 꽃밭을 꾸민 장소들이 있는지 찾아보기.
- 동네, 마을, 산, 바위 등의 이름에 유래가 있는 이야기 찾아보기.
- 우리 시대 우리가 땅을 보는 안목을 한 줄로 표현하고 함께 이야기해보기.

단청,
참 곱다

교태전의 북쪽, 계단에 올라

교태전 처마에 작은 꽃들이 화사하게 피었다. 단청 옷을 입은 꽃은 시들지 않는다. 단청을 직접 칠해본 사람은 그리 많지 않을 것이다. 나 역시 마찬가지여서 가끔씩 궁금했다. 어떻게 칠했을까. 해본 사람의 경험을 빌리면 먼저 나무의 표면을 잘 닦은 다음에 하나의 색을 사용해 바탕칠을 한다. 바탕칠 위에 그림을 그려야 하는데 그러려면 밑그림이 필요하다. 밑그림은 건물의 부재에 맞게 빳빳한 종이를 자른 다음에 그 위에 단청 무늬와 그림의 초안을 그린다. 단청 무늬를 따라 일정하게 구멍을 뚫고 단청할 곳에 구멍을 뚫은 본을 대고 흰색 가루(백분)가 들어 있는 헝겊 주머니를 톡톡 두들긴다. 그러면 구멍으로 가루가 빠져나와 윤곽이 그려진다. 단청색은 가장 밝은 색부터 칠하고 채색이 모두 끝나면 필요한 곳에 선들을 그린다. 안료를 준비하고 그림 도구들을 챙기고, 높은 곳에 단청을 칠하려면 높이에 맞게 비계도 설치해야 한다. 한 단계 한 단계 떠올려보면 사람의 손길이 닿지 않은 곳이 없다.

우리나라에서 단청은 언제 시작되었을까? 남아 있는 기록 중에서 『삼국사기』에 나와 있는 솔거 이야기가 가장 오래되었다. 태어나면서부터 그림을 아주 잘 그렸던 솔거는 어느 날 황룡사 벽에 늙은 소나무를 그렸는데, 새들이 나뭇가지인 줄 알고 앉으려다 벽에 부딪혀 떨어지는 일이 많았다는 이야기가 전해진다.

단청을 볼 수 있는 유적 중에서는 고구려 벽화 고분이 가장 오래되었다. 벽화를 보면 고구려 사람들의 생활 모습을 짐작할 수 있는데 보면 볼수록 그림의 내용 못지않게 그림의 재료와 색도 관심을 끈다.

고구려 단청은 고려 시대에 크게 발전했다. 불교 국가였던 고려에서 사찰 단청은 매우 웅장하고 화려했다. 조선 전기 때만 해도 고려의 영향을 받아 단청이 화려했다. 그러나 임진왜란과 병자호란을 겪고 특히 청과 굴욕적인 외교를 맺은 뒤부터 조선의 단청은 소박해지는 경향을 보인다. 우선 단청에 필요한 안료를 구하기가 쉽지 않았다. 대개 단청 안료는 국내 생산지에서 생산하거나 한양의 안료 상점을 통해 구해 썼다. 우리나라에서 구할 수 없는 안료들은 중국에서 수입해야 했는데 비싼 안료를 번번이 수입하기가 부담스러웠을 것이다.

조선의 유학자들이 청렴하고 청빈하게 사는 삶을 추구하면서 궁궐 단청을

궁궐 역시 스스로를 보호하려는 필요를 넘어,
궁궐의 위엄을 세우고 품격을 갖추기 위해 단청 옷을 입었다.

소박하게 하려는 의지도 있었다. 조선 후기에 오면서 단청은 매우 간소해졌으나 단청의 배색은 정착 단계에 접어들었다. 색의 대비가 강렬하면서도 전체적으로 조화롭다. 경복궁은 우리의 단청 역사에서 가장 소박하고 간결한 모습을 간직하고 있다.

궁궐이 단청 옷을 입은 이유와 우리가 옷을 입게 된 사연이 닮았다. 우리나라 기후는 사계절의 변화가 뚜렷해서 한여름의 더위와 한겨울의 추위가 찾아오고, 습한 장마가 있다. 비와 눈이 내리고 강한 바람이 분다. 나무로 지은 전각들이 그대로 노출되면 상하거나 썩기 쉽다. 벌레로부터 보호할 필요도 있었다. 그래서 목재에 단청 옷을 입혀 집을 보호했다. 단청 옷을 입히면 좋은 점이 또 있다. 금방 베어낸 나무가 목재가 되려면 시간이 한참 걸린다. 충분히 건조되어야 집을 지었을 때 틀어지지 않는다. 하지만 아무리 세심하게 신경을 써도 목재가 틀어지고 곰팡이가 피는 일이 생긴다. 목재 표면의 옹이가 너무 두드러져 보이거나 사람의 실수로 흠집이 생기기도 한다. 단청 옷을 입히면 표시가 잘 나지 않는다.

사람들은 처음에 몸을 보호하기 위해 옷을 입기 시작했으나 생존의 필요를 넘어 차츰 멋스러움을 창조하고 개성을 표현하고 격식에 맞게끔 옷을 차려입게 되었다. 궁궐 역시 스스로를 보호하려는 필요를 넘어 궁궐의 위엄을 세우고 품격을 갖추기 위해 단청 옷을 입었다. 사람에게 옷이 날개이듯이 궁궐에 단청 옷을 입혔더니 마치 아름다운 날개를 단 듯하다.

생각해보기

소통하고 교류하는 줄기마다 문화의 꽃이 활짝 피었네

예부터 단청의 쓰임은 아주 넓었다. 목조 건축물뿐 아니라 조각상, 공예품, 장신구 등에도 널리 사용되었다. 종묘제례악에 쓰이는 악기들인 편종, 편경, 축, 어에도 단청이 있다. 옛날 혼인하는 신랑신부에게 선물했던 나무 기러기 한 쌍도 단청 옷을 즐겨 입었다. 꼭두는 사람의 모형을 말하는 우리말이다. 나무로 만들고 단청 옷을 입힌 나무 꼭두들은 죽은 이를 이승으로 보내는 상여를 장식했다. 옛 그림을 색칠했던 재료들과 기법 역시 단청과 많이 닮았다.

단청에 필요한 색은 주로 광물과 흙에서 찾아냈다. 채취한 광물은 절구나 맷돌에 갈아 가루로 만드는데, 입자의 크기에 따라 색이 달라진다. 하나의 광물에서 여러 색을 얻을 수 있지만 원하는 색을 얻으려면 하루아침에 되지 않는다. 광물의 종류에 따라서 구리, 비소, 황화 수은, 철, 납과 같은 중금속들이 들어 있어서 인체에 독성이 있는 성분을 가려내고 조심스럽게 다뤄야 한다. 필요한 색을 얻기 위해 서로 다른 안료를 섞는 과정에서 화학반응이 일어나기도 한다. 또 단청을 칠했을 때 색이 공기 중의 산소와 만나고 습기에 노출되면 원래의 색과 달라질 수 있으니 미리 염두에 두어야 한다.

단청 문양은 주로 해, 달, 구름, 나무, 풀, 꽃과 같이 자연에서 온 것들이 많다. 이외에도 길상이나 복을 상징하는 것들, 책, 먹, 부채, 옥, 표주박처럼 일상생활에서 볼 수 있는 물건들이 모두 소재가 되었다. 오늘날에 봐도 매우 현대적이고 세련된 느낌을 주는 기하학적 무늬들도 있다. 단청 문양은 기본 양식이 있지만 장인의 경험과 솜씨에 의해 기본 문양이 창조적으로 조합되었다. 통일성이 있으면서 똑같지 않고, 튀지 않으면서도 단조롭지 않다.

경복궁에서 가장 많이 볼 수 있는 단청 문양은 무엇일까. 찬찬히 보면 녹색의 꽃이 꽃받침이 되고 그 위에 연꽃이 옆으로 누워 피었다. 연꽃 위에 석류가 있고 석류 위에 항아리가 놓였다. 석류와 항아리를 합쳐 석류동이라고 한다. 부재의 끝머리에 넣는 단청 무늬를 머리초라고 하고 머리초의 주문양이 연꽃인 것을 연꽃머리초라고 부른다. 연꽃머리초에 이어 직선이나 선의 중간이 오목하게 들어간 선을 그리는데 이것을 휘라고 한다. 휘는 몇 개의 색띠로 나누고 색대를 조금 넓게 칠한다. 특히 인人의 모양을 한 것을 인휘라고 한다. 머리초와 휘가 하나처럼 짜여 부재의 끝부분에만 문양을 한 것을 모로단청(머리단청)이라고 한다.

교태전 북쪽 계단에 올라서면 전각의 처마가 가깝다. 수직으로 선 네모 기둥들은 단정하게 갈색 옷을 입었고 기둥과 기둥을 가로지른 나무 부재는 연꽃머리초가 있는 모로단청으로 장식했다. 중전마마가 계신 곳이어서 단청색이 다채롭고 비녀 무늬를 넣어 화려하게 장식했다.

기와 아래로 서까래가 한 줄, 그 위에 부연이 한 줄, 그렇게 옆으로 줄지어 펼쳐지면서 겹처마를 이룬다. 수수깡 단면처럼 둥근 것이 서까래이고 서까래보다 작고 네모진 것이 부연이다. 서까래의 둥근 단면은 작은 화분인양 주홍색 꽃잎을 가진 꽃들이 피었다. 이 꽃무늬는 감 꼭지에서 따왔다. 부연의 네모난 부분엔 선의 조합이 돋보이는 기하학적인 무늬를 가득 채웠다. 고개를 옆으로 돌리면 건순각이 있는데 이곳의 부연에는 매화꽃들을 그렸다. 매화꽃은 매화점이라는 이름이 있는데 먹 바탕에 흰색의 꽃심과 5~6개의 꽃잎을 그린다. 건순각의 현판 아래를 잘 보면 덩굴 줄기 두 개가 서로 감싸 안듯이 위를 향하는데 줄기 끝에 용의 얼굴을 그려놓았다.

단청 문양 안에서 연꽃과 석류를 가만히 보고 있노라면 아주 옛날부터 사람과 사람이, 나라와 나라가 서로 소통하고 교류해온 길에 대해 생각하게 된다. 이집트는 국토의 대부분이 사막이다. 이 나라에서 나일강의 범람은 축복이었다. 강이 범람하는 시기가 되면 삼각주에 수많은 연꽃들이 동시에 가득 피어나고 사람들은 자연의 경이로움과 함께 강한 생명력을 느꼈다. 연꽃의 향기를 맡는 행위는 생명을 들이마시는 것이라고 여겼다고 한다. 우리나라에서도 연꽃은 사랑받는 꽃이다. 유학자들에겐 군자의 상징이었고, 참된 나를 찾아가는 불가 수행자들에겐 진리와 깨달음의 상징이었다.

우리나라에서도 번역 출판된 책 『연을 쫓는 아이』는 할레드 호세이니가 아프가니스탄을 배경으로 쓴 소설이다. 책의 주인공인 두 소년은 어린 시절 마을 언덕 위에 있는 나무 그늘 아래에서 우정을 키운다. 석류나무였다. 실크로드 학자로 널리 알려진 정수일 선생님의 책 『실크로드 문명 기행』을 보면 석류의 고향, 시르쿠흐(사자산) 이야기가 나온다. 원산지에서 석류는 생명의 과일, 지혜의 과일로 불린다고 한다. 페르시아산 석류가 중국을 거쳐 우리나라에까지 들어왔을 것이다. 석류가 잘 익으면 두터운 껍질이 저절로 툭 터지는데 그 속에 알알이 보석 같은 열매들이 가득 차 있다. 석류알을 입에 넣으면 새콤달콤한 맛이 입 안 가득 퍼진다. 옛사람들은 석류를 다산의 상징으로 삼아 석류 문양으로 집의 담장을 꾸미거나 옷을 장식하기도 했다.

경복궁 단청 문양 앞에서 아주 멀리 지구 저편의 연꽃과 석류나무에 이르는 길을 한 걸음 또 한 걸음 머릿속으로 그려본다. 아주 오래전부터 지구 사람들은 서로 소통하고 교류하며 저마다 문화를 꽃피우며 살고 있었다.

해보기

- 단청을 할 때 기본적으로 쓰이는 구성 요소들을 재구성하여 우리들만의 단청 무늬를 창작해보기.
- 목재로 되어 있는 곳 중에서 단청으로 꾸밀 수 있는 곳이 있다면 직접 단청 칠해보기.
- 카드, 엽서, 목걸이 등을 만들어 친구, 가족, 선생님, 고마운 사람들에게 선물하기.
- 두 손에 잡힐 듯한 크기의 선물 상자를 만들고 단청 문양으로 장식해보기.

제멋대로 생겨서 귀한 대접 받는 돌님

건순문으로 나서기 전에

건순각은 교태전의 북쪽에 딸린 전각인데 이곳의 마루방은 여름에 주로 이용되었고, 동쪽의 방은 왕비가 아이를 낳았던 방이라고 한다. 왕비의 출산은 장차 왕위를 이을 왕자가 태어나는 일이었고 그만큼 중요한 나랏일이었다.

해산을 앞두고 몇 달 전에 산실청이라는 관청을 꾸리고, 해산을 앞둔 한 달 전쯤에는 산실을 꾸민다. 산실은 오늘날로 치면 분만실과 같은 곳이다. 궁궐 안 산실과 산부인과 병동 분만실의 풍경은 모든 것이 달랐을 것이다. 하지만 새 생명의 탄생을 앞둔 가족들의 마음은 별반 다르지 않아서 왕비가 순산하기를 기원하고 건강한 왕자가 탄생하기를 기다리는 설렘과 긴장감이 궁궐을 맴돌았을 것이다.

왕의 자녀들이 태어나면 백 일째 되는 날에 아기를 위한 백일잔치를 열었다. 이날 소주방에서 백설기를 쪄서 모두 함께 나누어 먹었다. 첫 돌이 되면 돌상을 차리고 돌잡이를 한다. 돌상은 백완반이라고 부르는데 완은 완구, 즉 장난감을 뜻한다. 차림상은 대개 조촐하다. 다리가 달린 둥근 쟁반에 책, 붓, 벼루, 활, 대추, 청실, 홍실, 국수 등을 놓는다. 아이가 오래오래 건강하고, 씩씩한 사람이 되고, 공부를 잘하길 바라는 그 마음은 지금 우리와 다르지 않았다.

아이들은 보고 듣고 만나고 경험하는 만큼 쑥쑥 자란다. 아이들에게 자연은 사람만큼이나 멋지고 소중한 세상이다. 풀 한 포기, 나무 한 그루, 꽃 한 송이, 새의 지저귐, 흙의 느낌, 바람결에 실려 오는 향기, 제멋대로 놓인 것 같은 돌 하나에서 자연이라는 큰 세상을 만날 수 있다. 아이들이 자연스럽게 자연을 만나고 자연을 좋아하게 되면 누가 시키지 않아도 스스로 그 만남을 꾸준히 이어갈 수 있다.

자연의 시간은 성급하지 않다. 한편 쉼도 없다. 그래서 사람이 시간을 들이고 마음을 쏟아야 자연과 친해질 수 있다. 정해진 시간에, 정해진 장소에서 정해진 순서대로 단숨에 훑어보고, 한꺼번에 주입하듯이 뭔가를 들어야 한다면 누구나 거부감이 들기 마련이다. 자연과 친구가 될 수 있는 기회마저 주입되어야 하는 상황에서 마음을 열기는커녕 자연에 대한 혐오감마저 느낄 수 있다. 마음이 닫히고 나면 다시 열긴 더 어렵다. 어쩌면 지금 우리는 자연과 만나는 일마저 마치 해야 하는 공부처럼 하고 있는 것은 아닐까.

건순각 주위를 서성거리며 궁궐에서 태어난 아이에 대해 생각하던 내가 갑자기 이렇듯 삼천포로 빠졌던 것은 모두 돌 하나 때문이다.

교태전 후원에는 자연석들이 장식되어 있는데 건순각 가까운 곳에 있는 돌이 특히 눈길을 끈다. 오늘날의 기준으로 보면 정말 못생겼다. 구멍이 숭숭 뚫려 있고, 울퉁불퉁하고 오래되어 색도 변하고 게다가 이끼까지 잔뜩 끼여 있는 것이 특별히 매력 있어 보이지도 않는다. 왜 이런 돌이 궁궐 안에 모셔져 귀한 대접을 받고 있을까. 그건 아마도 특별하기 때문이 아니라 돌이 가진 자연스러움이 그대로 살아 있기 때문일 것이다. 자연스러움을 알아차리고, 그것에서 멋을 느낀 사람들이 그곳에 모셔다 두었을 것이다. 돌은 묵직하다. 단단하고 굳세다. 그만큼 믿음직스럽다. 변화를 거부하는 것 같으면서도 고집불통은 아니다. 바람과 햇빛, 비와 동행하면서 이끼마저 돌에 터를 잡았다. 그렇게 돌은 자연스럽게 돌에 어울리는 제 얼굴을 가졌다.

이 지구에서 제일 잘생긴 것, 제일 못생긴 것, 가장 예쁜 것, 가장 안 예쁜 것이 과연 있기나 할까? 세상에 그런 것이 있다면 그건 사람이 만든 것이다. 우리가 소비사회의 그물을 치고 살면서 마치 그런 것이 실제로 있는 것처럼 끝없이 부추겨지고 있을 뿐이다. 저마다의 개성을 두고 잘나고 못난 것을 순서 짓고, 인위적인 아름다움을 포장하여 돈으로 사고팔 수 있는 것처럼 마음을 속이는 것이다. 자연스럽지 않은 것에 익숙해진 우리는 어느새 자연스러움 그 자체가 아름다움이라는 것을 자주 잊는다.

경복궁의 꽃담 © 지숲

교태전에는 눈과 마음을 즐겁게 하는 아름다운 담이 있다.
담에 꽃이 피고 나비 날아와 앉았으니
꽃담이라는 이름이 참 잘 어울린다.

생각해보기

꽃담 위에 나비 앉았네

담은 기본적으로 이쪽과 저쪽을 경계 짓고 때론 다른 사람들의 시야를 적당히 가려주는 역할을 한다. 교태전에는 눈과 마음을 즐겁게 하는 아름다운 담이 있다. 담에 꽃이 피고 나비 날아와 앉았으니 꽃담이라는 이름이 참 잘 어울린다.

교태전 후원의 화계가 끝나는 곳에서 샛담이 시작된다. 샛담의 북쪽으로 건순문, 동쪽으로 방향을 틀어 이어진 곳에 연휘문을 냈다. 건순문에서 연휘문으로 이어지며 안과 밖을 모두 꽃담으로 꾸몄다.

샛담의 안쪽 담 전체가 작품 전시장이 되었다. 액자들이 걸렸다. 액자들은 일정하게 반복해서 이어지는 무늬를 이용해서 네모지게 테를 둘렀다. 이 무늬는 처음도 없고 끝도 없다는 뜻의 무시무종 무늬이다. 영원을 뜻한다. 어릴 적 종이에 직접 손으로 성탄 카드와 새해 카드를 만들던 시절에 카드의 테두리를 둘렀던 것도 이 무늬였다. 한복 저고리와 치마단 장식에도 무시무종 무늬가 있었다.

그중에 한눈에 들어오는 작품이 있다. 성글게 엮은 그물 모양인데 아기자기하게 여러 개의 칸을 나누었다. 한 칸 한 칸마다 꽃들이 피고 나비가 앉았다.

성긴 그물 안에 꽃과 나비가 앉혀진 이 문양은 자경전의 서쪽 꽃담에서도 볼 수 있다. 자경전으로 들어가는 출입문이 있는 곳이다. 교태전과 자경전의 이 문양은 같은 모양인데 느낌은 다르다. 자경전의 꽃담 문양은 색이 훨씬 순하고 부드럽다. 그물 한 칸 한 칸마다 흰색 바탕에 꽃과 나비가 앉았는데 도드라진 정도가 자연스럽다. 자경전의 꽃담은 고종 때 만들어져

지금껏 남아 있는 것이고 교태전 샛담은 최근에 복원된 것이다.

이 문양은 지구의 생명 그물을 떠오르게 한다. 생태계 안에서 지구 생명들은 보이지 않는 생명의 그물로 연결되어 있다. 생명의 그물 하나하나마다 생명들이 있고 어떤 생명이든지 생명의 가치는 종에 상관없이 동일하다.

생명 있는 존재들은 생태계의 한계 안에서 자유롭다. 숲 생태계는 숲 안에서 자유롭고, 습지 생태계는 습지 안에서 자유롭다. 사막 생태계는 사막 안에서 자유롭고 해양 생태계는 해양 안에서 자유롭다. 숲이 만들어주는 생명의 자리, 습지와 사막, 해양이 제공하는 숱한 생명의 자리에 저마다 지구 생명들이 앉았다. 생태적으로 햇빛, 온도, 습도, 토양의 조건, 산성도, 먹이 등을 따져보면 지구 생태계는 우리가 생각하는 것보다 훨씬 더 다양하고 복잡하다. 생명의 자리에 앉은 생물체들은 주어진 조건에서 자신의 삶을 균형 있게 조율하며 살고 있다.

지구 생물들이 저마다 특정한 생태적 조건에서만 살 수 있다면 그것은 생태계 안에 갇힌 걸까, 아니면 생태계 안에 담긴 걸까. 습지 생물들은 습지에 갇혔을까, 아니면 습지가 생명들을 담았을까. 숲 속 생물들은 숲에 갇혔을까, 아니면 숲에 깃들었을까. 바닷속 생물들은 바다에 갇혔을까, 아니면 바다가 품었을까. 생태계 그물은 생명과 생명을 이어주지만 묶지 않는다. 느슨한 그물처럼 서로를 품어주되 속박하지 않기 때문에 오랜 세월 동안 지구 생태계가 유지될 수 있었을 것이다. 생명의 그물이 출렁출렁 흔들릴 때마다 혼자선 두려우나 함께 힘을 모아 견디고 이겨내며 생태계를 더욱 풍요롭게 가꾸어왔을 것이다.

꽃담의 성긴 그물 안에 벌과 나비의 표정을 살핀다. 보아하니 화를 내거나 몸부림을 친 흔적이 없다. 꽃들이 활짝 피었는데 여전히 생기발랄하다.

살펴보기

- 못생긴 덕분에 궁궐 안에 모셔진 귀한 돌님을 찾아서 인사하기.
- 교태전과 자경전의 꽃담 문양을 비교해보고 전통의 복원에 대해 이야기해보기.
- 생태계의 구조와 기능을 생명의 그물에 비유하여 함께 이야기해보기.
- 지구 생태계 안에서 인간의 생명 자리에 대해 이야기해보기.

8장

자경전

상처 입은 지구의
땅을 돕는 살구나무

자경전이 보이는 곳, 살구나무와 태평화

오늘날 우리는 사막화에 대해 이미 많은 것을 알고 있다. 사막화는 인간이 땅의 생태적인 특성을 무시하고 지나치게 사용하거나 잘못 사용하면서 사막과 같은 땅이 점점 넓어지는 현상이다. 최근 들어 매우 빠르게 진행되고 있다.

아프리카의 사하라 사막, 중국의 타클라마칸 사막은 지구가 만들었다. 지구는 사막을 만들었으나 초원 생태계, 숲 생태계처럼 그곳에 사막 생태계를 키웠다. 사막은 강수량이 매우 적은 모래땅이다. 사람이 보기엔 생산성이 없는 땅이지만 사막의 특성에 맞게 적응한 식물과 동물들이 있어 생태계를 이룬다. 사막에도 사람이 살았으나 사막의 가장자리를 따라 유목을 하거나 작은 규모여서 사막 생태계를 파괴할 정도는 아니었다. 옛날에 사람들은 타클라마칸 사막의 남쪽과 북쪽 가장

자리를 따라 오아시스가 있는 곳에 도시를 세우고 비단길(실크로드)을 열었다.

사막화는 사막의 가장자리가 빠른 속도로 넓어지거나 처음엔 사막이 아니었던 땅이 사람에 의해 사막처럼 변하는 현상이다. 사막화가 된 땅엔 사막 생태계가 깃들지 않는다. 모래바람이라도 불어오면 마치 폭풍처럼 집과 학교, 농토와 축사를 모래로 뒤덮고 시야를 가리고 나무를 뿌리째 뽑아 날린다. 사람도 살 수 없어 삶의 터전을 버리고 떠나야 하는 일이 계속된다. 사막의 모래들은 바람이 일으켜 세우고 지구 바람이 부는 방향을 따라 먼 거리를 여행한다. 긴 거리를 날아오는 동안 지치고 차분해져 우리에겐 황사의 모습으로 찾아온다. 지구 사막화는 사막화가 일어난 그곳만의 문제가 아니다.

지구 사막화를 줄일 수 있는 대책 중에 사람들이 가장 많이 손꼽는 일이 바로 나무를 심는 일이다. 힘을 합쳐 나무를 심고 가꾸면서 적지 않은 성과들을 얻었다.

세상에 나무가 많지만 모든 나무가 이 일을 감당할 수 있는 것은 아니다. 나무도 사람만큼이나 생태적 특성이 다르다. 지구의 땅을 진정시키고 생명을 되살리기 위해 특별히 뽑힌 나무들이 있다. 그 목록에 살구나무도 있다.

살구나무는 추위와 병에 강하고 메마른 산지에서도 잘 자란다. 우리나라 북부, 중국 동북 지역, 몽골, 러시아 시베리아 등에서 자란다. 우리나라 살구나무도 있고, 시베리아 살구나무, 만주 살구나무, 몽골

자경전 서쪽 담장 밖 살구나무 ©지숲

자경전 서쪽 담장 밖 살구나무에 생명이 깃들었다.
살구꽃 한 송이 한 송이 곱게 피어나고
살구 열매 한 알 한 알 탐스럽게 익을 때마다
지구의 푸른 꿈도 함께 피고 익어간다.

살구나무 등 여러 종이 있다. 모두 살구나무 집안이다.

나무를 심으면 기대되는 효과들이 있다. 나무가 잎과 줄기를 뻗으며 자라기 때문에 불어오는 모래바람을 막아줄 수 있다. 뿌리에서 물을 흡수하여 잎의 기공을 통해 증산 작용을 하기 때문에 나무가 있으면 비가 내릴 확률도 높다. 사막이 가까운 오아시스 마을에선 밭 가장자리나 도로를 따라 백양나무들을 줄지어 심기도 한다. 백양나무들은 잎도 좋지만 줄기가 곧게 쭉쭉 뻗어 울타리로 좋다. 하지만 신중해야 할 점도 있다.

지구에서 사막화가 진행되고 있는 지역들은 예전에 초원이었던 곳들이 많다. 풀이 잘 자라는 땅과 나무가 잘 자라는 땅의 생태적 특성은 다르다. 원래 초원이었던 곳이 사막화가 되었다면 이런 땅에 무조건 나무를 많이 심는 것은 좋지 않다. 특히 지하수가 부족한 땅이라면 물 문제까지 생길 수 있다. 나무가 살아가려면 풀보다 더 많은 물을 필요로 하기 때문이다. 물이 부족한 땅에 그것도 성장하면서 많은 물을 필요로 하는 나무들을 무작정 심으면 사막화는 점점 더 심해진다. 짧은 시간에 많은 묘목들을 심어놓고 하늘에서 내려다보면 뭔가 해냈다는 마음에 뿌듯해질 수 있다. 사람이 나무를 심었으나 그 나무를 키우는 것은 자연이다. 나무를 심기에 적합하지 않은 곳에 나무를 빽빽하게 심어놓으면 얼마 지나지 않아서 나무들이 시들시들 말라 죽는다. 원래 초원이었던 곳이라면 오히려 풀씨를 뿌려 땅을 진정시키고 자연적으로 회복할 수 있는 능력을 키워주는 것이 더 나은 방법이다.

상처 입은 지구의 땅에 나무를 심되 나무들이 제 힘을 발휘할 수 있게 잘 심어야 한다. 나무를 열심히 심는 일만큼이나 어떤 나무를 어떤 곳에 얼마나 심을지 진지하게 고민해야 한다. 나무에게 무슨 마법 같은 신통력이 있는 것이 아니어서 인간이 저질러놓은 상처를 순식간에 낫게 할 수는 없다. 사람들이 애를 쓰니 나무는 자신이 할 수 있는 만큼 도울 뿐이다. 지구의 사막과 사람이 만드는 사막화는 다르다. 우리의 일은 사람 때문에 상처받은 지구의 땅을 치유하고 똑같은 잘못을 되풀이하지 않는 것이다. 지구에서 사막을 완전히 몰아내거나 사막을 모두 초원과 숲으로 바꾸어야 하는 일이 아니다.

자경전 서쪽 담장 밖 살구나무에 생명이 깃들었다. 살구꽃 한 송이 한 송이 곱게 피어나고 살구 열매 한 알 한 알 탐스럽게 익을 때마다 지구의 푸른 꿈도 함께 피고 익어간다.

생각해보기

태평한 세상을 열어라

자경전 서쪽의 지붕 합각에 태평화를 모셨다. 다른 곳에서도 태평화를 볼 수 있지만 이곳에 오면 사람이 이 꽃을 아껴 고이고이 모셔두었다는 느낌이 절로 든다. 살구나무들이 태평화가 피어 있는 곳에서 제 키를 멈추었다. 친구마냥 눈높이를 맞추었다.

분홍빛 살구꽃잎이 바람에 날릴 때, 살구나무 잎이 우거져 싱그러울 때, 살구 열매들이 노랗게 익을 때, 살구나무 줄기에 내려앉은 흰 눈이 아직 채 녹지 않았을 때, 이곳은 언제라도 서성거리기에 좋다.

이곳의 합각은 유난히 예쁘다. 세모꼴의 합각 안에 네모, 팔각, 원이 차곡차곡 짜임새 있게 맞춰져 있다. 가장 바깥으로 네모를 크게 둘렀는데 네 귀를 접어 모양을 냈다. 큰 팔각과 작은 팔각 사이는 무시무종 무늬로 채웠다. 가장 안쪽에 원이 있고 그 안에 태평화가 활짝 피었다. 원은 하늘을 뜻

하고, 팔각은 사람을 뜻하며, 네모는 땅을 뜻한다. 사람은 머리에 하늘을 이고 두 발로 땅을 딛고 사는 존재가 아닌가. 하늘과 땅 사이에 사람이 있고 하늘과 사람, 땅이 서로 가까이에 있으나 간섭하지 않고 조화로운 가운데 태평화가 피었다.

음양오행에 따라 전통색은 오방색이 기준이다. 오방색은 동쪽은 청색(푸른색), 남쪽은 적색(붉은색), 중앙은 황색(노란색), 서쪽은 백색(흰색), 북쪽은 흑색(검정색)이다. 단청색은 오방색을 기본으로 하여 여러 색을 조합해서 쓴다.

매화점과 태평화는 검정색과 흰색만으로 그린다. 매화점은 검은 바탕에 흰색의 원으로 이루어졌다. 매우 간결하다. 가운데 꽃심이 하나, 둘레에 꽃잎이 5~6개이다. 태평화도 매화점처럼 먹 바탕에 흰색으로 그린다. 태평화는 가운데에 꽃심이 있고 여러 개의 꽃잎이 사방팔방으로 펼쳐지는 모양이다. 검은 것과 흰 것이 조화롭게 어울렸다. 그곳에 태평스런 세상이 열렸다. 궁궐 곳곳에 태평화가 피어 지지 않으니 온 세상이 평화롭기를 바라는 우리의 소망도 여전히 진행형이다.

사람은 살면서 저마다 소망하는 것들이 있게 마련이다. 마음속에 머물기도 하고 더러는 마음 밖으로 나와 어떤 형상을 갖추기도 한다. 소망은 그렇게 사람들의 삶 속에 들락날락하며 곁에서 함께 살아간다. 디자인이라고 하면 옛날에는 없다가 현대에 들어와 등장했고 전문가의 영역이라고 생각하는 사람이 있을 것이다. 정말 그럴까. 디자인은 삶의 줄기에 피어나는 꽃과 같아서 시대에 따라 피고 열매를 맺으며 지금까지 쭉 이어져 있다. 궁궐 안에서 우리 시대 활짝 핀 디자인과 이어진 또 다른 줄기와 만난다.

해보기

- 살구꽃이 필 때 나무 아래 평상에 앉아 꽃을 올려다보며 쉬어가기.
- 살구 열매가 익을 무렵 눈을 감고 조용히 앉아 있어보기.
- 사막화된 지구를 살리기 위해 애쓰는 지구 나무들에게 마음으로 응원 메시지 보내기.
- 평화로운 세상을 소망하는 우리의 마음을 우리의 문양으로 표현해보기.
- 세상에 소망을 닮은 디자인을 찾아보고 어떤 소망을 담았는지 느껴보기.
- 자경전 서쪽 담장 전체가 마치 하나의 액자처럼 펼쳐진 모습을 찬찬히 들여다보기.

꽃이 있는 담장 풍경

자경전 서쪽 꽃담 앞에서

자경전 서쪽의 꽃담은 언제 봐도 아름답다. 멋진 작품이 그려진 두루마리 종이를 힘차게 펼쳐 양쪽으로 걸어놓은 것 같다. 무시무종 무늬로 테를 둘러 긴 액자처럼 만들고 큰 액자 안에 작은 액자들을 걸었다. 그림을 담은 그림 액자도 있고, 무늬로 장식한 무늬 액자도 있고, 문자로 멋을 낸 문자 액자들도 있다. 간격이 촘촘하면서도 짜임새 있게 걸렸다.

가장 북쪽에 주홍색 꽃잎이 네 장인 작은 꽃들이 모여 피었다. 이 무늬 액자에서부터 하나, 둘, 셋, 넷 순서대로 세어보면 교태전에서 보았던 그물 문양이 있는 액자까지 모두 23개다. 무늬와 그림, 문자와 무늬, 무늬와 문자, 그림과 무늬들이 앞뒤로 서로 어울려 어느 것 하나 튀지 않는다. 전체적으로 색이 은은하고 멋스럽다.

©youngsu

자경전 서쪽의 꽃담은 언제 봐도 아름답다.
멋진 작품이 그려진 두루마리 종이를 힘차게 펼쳐 양쪽으로 걸어놓은 것 같다.

어느 것이 바탕이고 어느 것이 주인공인지 구별이 안 되는데도 우리 눈은 습관적으로 그림 액자들을 먼저 구별해낸다. 누군가 밑그림을 그렸을 테고 또 누군가는 거기에 맞춰 흙을 구웠을 것이다. 흙을 구울 때 마치 쿠키를 굽듯이 두께가 적당하고 터지지 않게 잘 굽는 것이 기술이다. 누군가는 이렇게 만들어진 것들을 하나의 작품으로 완성시켰을 것이다.

북쪽에서부터 꽃담을 따라 한 걸음 두 걸음 옮겨가며 그림 속 자연물의 정체를 추측해보는 재미가 있다. 가장 먼저 매화나무 한 그루가 우릴 맞이한다. 아주 오래된 고목이다. 매화나무에 둥근 달이 걸렸고 새 한 마리가 앉았다. 매화가 핀 것으로 보아 이른 봄날인가 보다. 새는 까마귀를 닮았다. 복숭아나무에 잘 익은 복숭아들이 열렸고 그 옆에 모란꽃 꽃송이도 탐스럽게 피었다. 꽃들이 화사하게 피어난 곳에 자연스럽게 나비들이 앉았다. 석류나무에 석류알이 주렁주렁 열렸다. 크고 잘 익은 석류알을 보자 입안에 침이 돈다. 대나무는 누가 보더라도 한눈에 알아볼 수 있겠다. 힘차게 뻗은 줄기에 댓잎이 날렵하면서도 강직하다.

걸음을 멈추고 몇 걸음 뒤로 물러서면 그림 액자들이 한눈에 들어온다. 매화는 한겨울의 추위에도 제 향기를 팔지 않는 고고한 꽃이다. 사람들은 매화, 난초, 국화, 대나무를 사군자라고 부르며 아꼈다. 모란은 꽃이 풍성하여 부귀와 영화를 상징한다. 궁궐에서 즐겨 사용했던 모란 병풍은 굳센 바위들과 탐스러운 모란꽃으로 가득 채워진다.

석류의 꽃이 붉고 열매도 붉으니 사악한 기운을 쫓아준다고 여겼다. 게다가 석류알이 풍성하게 열리듯 사람도 자손을 많이많이 낳기를 기원했다.

꽃담의 문자 무늬에도 사람이 사람에게 보내는 소망과 기원이 담겨 있다. 북쪽에서부터 모두 6개의 문자가 배열되어 있다. 디자인의 옷을 입은 문자는 우직함과 자유로움의 경계를 넘나든다.

春(봄 춘), 張(베풀 장), 禾(벼 화), 萬(일만 만), 疆(굳셀 강), 千(일천 천)

'천강만화장춘', 이 문자들은 어떤 메시지를 전하고 있을까. 자경전은 흥선대원군이 조대비 신정왕후를 위해 지은 전각이다. '자경'이라는 말은 임금이 어머니와 할머니께 경사가 있기를 기원하는 마음을 표현한 것이다. 담장을 꽃담으로 꾸민 것도 모자라서 이곳에서 늘 즐겁고 건강하고 오래오래 행복하게 살기를 기원하는 마음을 담았다.

생각해보기

네 마음을 보여줘

누군가에게 사랑하는 마음을 전하고 싶을 때 그 마음을 무엇에 실어 전하면 좋을까. 말로는 쉽게 "마음이 더 중요하지"라거나 "마음만으로도 충분해"라고 하지만, 받는 사람들의 속마음은 그렇지 않은 경우가 많다. 마음을 무엇에 담아 어떻게 표현할지도 무시할 수 없는 일이다.

일 년 열두 달 나름대로 이유들이 있는 '수많은 데이day'들. 혹시라도 화려하게 포장되어 한아름 안기는 초콜릿 바구니를 선택했다면 본의 아니게 다음과 같은 메시지가 딸려갈 수 있다. "당신에 대한 나의 마음은 과대 포장되었습니다." 풍성한 바구니가 품에 한가득 안겨지는 기쁨도 잠시 포장을 뜯고 벗겨내고 그렇게 버려지는 것들 속에서 사랑의 마음이 모습을 감추어버릴 수도 있다. 과대 포장되었다는 오해 없이 있는 그대로의 마음을 전할 수 있는 방법, 말로 표현하지 않았으나 그 마음을 알아차릴 수 있는 매력적인 방법이 어디 없을까.

냉이꽃이 피고 진 자리에 열매가 열리는데 그 모양이 사람의 심장 모양을 꼭 닮았다. 냉이 열매를 따서, 누군가에게 보내는 하트 모양의 메시지(♡)로 삼으면 좋지 않을까? 만약에 냉이 열매가 너무 작고 초라해 보인다면 월계수나무 잎은 어떨까? 심장 가까이에서 두 손으로 하트를 만들어 누군가에게 날려 보내거나 아니면 두 팔을 머리 위에 올려 누군가에게 하트 모양 메시지를 보내는 우리들이니까. 하트 모양 메세지 하나 받았을 뿐인데 환하게 웃음 짓고 행복해하는 사람들이 아직은 많은 세상이니까.

그렇다고는 해도 마음보다 물질의 힘이 더 강해 보이는 세상에서 아무 치장도 없이 있는 그대로의 자연물 하나로 마음을 전하는 일은 모험심이 필요하다. 좋은 관계가 끊어질 수도 있다. 냉이 열매 하나, 월계수나무 잎 하나를 따서 누군가의 손바닥에 올려놓았을 때 그 사람은 과연 어떤 반응을 보일까? 만약에 당신이라면 누군가 마음을 전하는 메시지를 알아차리고 환하게 웃어줄 수 있는 사람인가?

언젠가 길을 산책하다가 냉이꽃이 진 자리에 열매가 맺힌 것을 본다면, 혹은 월계수 나무 아래를 지난다면 주저하지 말고 그 길을 함께 걷고 있는 그 누군가의 손바닥에 열매나 나뭇잎을 놓아보자. 마음의 메시지에 어떤 응답이 돌아오는지 기대하면서 말이다. 전혀 기대하지 않은 응답을 받더라도 실망은 하지 않는 것이 좋겠다. 우리에게 늘 메시지를 보내고 있지만 아무런 응답조차 받지 못하는 자연 친구들도 많으니까. 사실 우리는 자연 친구들이 잎과 열매와 꽃으로 우리에게 뭔가 메시지를 보내고 있다는 사실조

차 알아차리지 못하고 살고 있지 않은가.

해보기

1. 담장에서 한 걸음 뒤로 물러나서, 북쪽에서 남쪽 방향으로 천천히 옮겨 걸으며, 먼저 그림판들을 감상하듯 찬찬히 보기.
2. 그림 액자를 다 보았으면 다시 북쪽으로 돌아와서 이젠 그림도 보고, 무늬도 보고, 글자도 보면서 천천히 옮겨 걷기.
3. 우리에게 익숙한 버스, 지하철, 인터넷 등 사각의 빈 공간마다 무엇이 채워져 있는지 떠올려보기.
4. 우리들의 작품 전시회 구상해보기. 광고로 가득 채워진 공간에서 상업 광고들을 모두 내리고 우리들의 작품을 전시한다면 이제 무엇을 걸고 싶은지 의논해보기.
5. 누군가에게 나의 마음을 표현하고 싶을 때, 문자 없이 문양만으로 꾸며보기.

굴뚝이 이렇게 예뻐도 좋을까

자경전 십장생 굴뚝 앞에서

자경전의 서쪽에 누마루를 지었는데 그 기둥 아래에는 아궁이들이 있다. 아궁이가 있으니 어디쯤에 굴뚝이 있을 것이다. 자경전의 굴뚝은 북쪽 담장에 있다. 예전에 굴뚝을 보러 가는 길목에 키가 제법 큰 앵두나무가 세 그루 있었다. 빨간 앵두가 탐스럽게 열리곤 했다. 솔직히 고백하자면 주위에 보는 사람이 없을 때를 틈타 몇 알씩 따먹곤 했었다. 몰래 따먹는 앵두가 더 달고 맛있다. 지금 그 나무들은 모두 베어졌다고 한다.

굴뚝은 담장의 일부를 앞으로 돌출시켜 합체형으로 만들어졌다. 어른이 양팔을 벌렸을 때 양손이 닿을 듯 말 듯할 정도로 폭이 제법 넓다. 굴뚝의 품을 넉넉하게 만들고 여기를 십장생으로 장식했다.

십장생은 자연에서 오래오래 장수하는 열 가지를 뽑은 것이다. 알고 보면 열 가지가 넘는다. 사람들은 십장생에 뽑힌 자연물들처럼 자신들도 오래오래 행복하게 살고 싶은 꿈을 꾸었다. 굴뚝이 제 일을 게을리하지 않으면서 넓은 가슴에 사람들의 소망을 품어준 덕분에 멋진 작품이 태어났다.

세상에서 이렇게 멋진 작품을 만났으니 그냥 스쳐가기엔 아쉽다. 어디 한번 볼까? 굴뚝의 왼쪽에 소나무 한 그루가 멋지다. 소나무 아래에 사슴 한 쌍이 노닐고 그 옆은 거북 한 쌍이 차지했다. 위쪽을 보니 구름 사이로 붉은 해가 얼굴을 내밀었고 대나무도 한 그루 자리를 잡았다. 듬직하게 생긴 바위도 놓였고 불로장생 신선들이 먹는다는 불로초도 여기저기에 있다. 새 두 마리가 이곳이 좋은지 날개를 얌전히 접고 편안히 쉬는 중이다. 그 모습이 궁금했는지 학 두 마리가 고개를 돌렸다.

오른쪽으로 덧붙인 흔적이 있다. 십장생은 아니어도 썩 잘 어울린다. 연꽃 봉오리 옆에 연꽃이 화사하다. 연밥도 있다. 그러고보니 어느 연못의 풍경이다. 싱그러운 연잎 아래 물새 두 쌍이 노닐고 있다. 한 쌍은 물 위에 떠 있고 또 한 쌍은 줄기에 앉았다. 서로 마주 보는 모습이 정겹다. 이 물새들을 보자마자 내 머릿속에 떠오른 것은 오리와 물총새였다. 그저 내 짐작이며 즐거운 상상일 뿐이다. 연못가를 벗어나니 포도알이 탐스럽게도 영글었다. 연밥과 포도송이에서 자손들이 번창하기를 바라는 마음이 보인다. 그나저나 양 날개를 활짝 펴고 동작도 날쌔게 십장생들이 모여 있는 쪽을 향해 날고 있는 저기 저 작

십장생은 자연에서 오래오래 장수하는 것들을 열 가지 뽑은 것이다.
알고 보면 열 가지가 넘는다.
사람들은 십장생에 뽑힌 자연물들처럼
자신들도 오래오래 행복하게 살고 싶은 꿈을 꾸었다.

은 새 두 마리의 정체는 도대체 무얼까.

굴뚝의 오른쪽에 서 있는 작은 석비에는 이렇게 새겨져 있다. 보물 제810호 자경전십장생굴뚝.

굴뚝 앞으로 작은 꽃밭이 있는데 봄이면 어린 맥문동 사이로 민들레와 씀바귀가 핀다. 노란 꽃을 보며 활짝 웃음 짓고 있는 아이들까지 이 모두 지구의 보물이 아닌가.

생각해보기

박쥐야,
네가 왜 여기에 있어?

어느 날 새들의 잔치가 열렸는데 박쥐도 초대장을 받았다. 그런데 박쥐는 잔치에 가지 않았다. 박쥐는 새처럼 날아다니지만 날개가 없고, 새는 알을 낳지만 박쥐는 새끼를 낳는다. 박쥐는 조류가 아니라 포유류 집안이다.

박쥐는 손가락 사이사이의 피부가 늘어나 있다. 늘어난 피부가 활강막이 되어 마치 날개처럼 보인다. 박쥐는 야행성이며 초음파를 이용해 자기 주위의 장애물과 먹이의 위치를 정확히 알아내는 능력이 있다.

지구상에 박쥐의 종류는 약 1000종에 이른다. 곤충을 먹는 박쥐, 바나나와 같은 과일을 먹는 박쥐, 꿀을 먹는 박쥐도 있다. 박쥐 집안에서도 흡혈박쥐는 아주 특이한 박쥐다. 이 박쥐는 면도칼 모양의 앞이빨을 이용해 당나귀와 소 같은 포유류의 피부를 잘라 흐르는 피를 핥아먹는다. 박쥐는 새를 닮았으나 새가 아니고 캄캄한 어둠 속에서도 너무나 잘 살아간다. 그래서 박쥐의 생태를 알아차린 사람들이 보기에 박쥐는 뭔가 예사롭지 않은 동물이었다.

옛사람들은 박쥐가 복福을 가져다준다고 믿었다. 박쥐의 생태적인 특성뿐 아니라 박쥐라는 이름 때문에도 그렇게 여겼다. 박쥐는 한자로는 편복蝙蝠이라고 쓰는데, 편복의 '복蝠'과 사람들이 늘 소망하는 '복福'의 발음이 같다. '복'이라고 소리 내어 말할 때마다 마치 '복'을 주문하는 것 같은 효과를 노렸을 것이다.

찾아보면 경복궁 곳곳에 박쥐들이 있다. 교태전 후원에 육각형 몸매의 다부진 굴뚝에도 있고, 자경전 굴뚝의 옆면에도 있다. 굴뚝뿐만이 아니다. 교태전과 자경전 청연루의 마루 천정의 단청 문양에도 있고 협길당과 태원전의 현판을 보면 네 모서리마다 박쥐가 있다. 멀리 가지 않더라도 강녕전의 동쪽 연생전, 서쪽 경성전의 현판에도 있다.

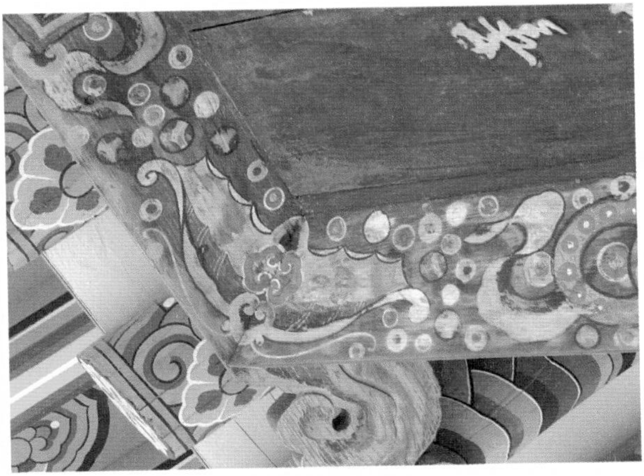

사람들은 저마다 늘 복을 누리기를 소망한다. 제 손 안에 잡히는 복을 바라서인지 눈에 보이지 않으면 아직 복이 찾아오지 않았다고 여긴다.

우리는 미처 잘 모르고 있었을지라도 그동안 박쥐는 사람들에게 늘 복을 주고 있었다. 박쥐 집안 중에는 꽃 위를 날아다니며 꿀을 빨아먹는 박쥐들이 있다. 꽃의 꿀을 먹는 박쥐들은 처음에 꽃에 모여든 곤충을 잡기 위해 꽃을 찾았다가 꽃에서 꿀을 빨기 시작하면서 긴 혀를 갖게 되었다. 박쥐는 벌과 함께 지구 식물들이 열매를 맺을 수 있게 돕는 소중한 존재들이다. 그러니 박쥐는 우리가 알아주지 않더라도 지구 생태계를 풍요롭게 하며 지금도 큰 복을 베풀고 있다.

이야기해보기

- 언젠가 전통 마을에 간 적이 있다면 그곳에서 키 작고 예쁜 굴뚝들을 본 적이 있는지 기억을 떠올려보기.
- 검은 연기를 마구 배출하는 공장 굴뚝 이외에 세상에서 즐거운 일을 떠올리게 하는 굴뚝 이야기를 찾아내 소개하기.
- 우리 주변에 있는 물건들 중에서 실용적인 기능이 뛰어나면서도 사람의 솜씨와 마음씨가 느껴지는 것들을 찾아보기.
- 십장생을 주인공으로 짧은 이야기를 짓고 발표해보기. 작은 이야기들을 모아 하나의 큰 이야기로 완성해보기.

9장

향원정

동쪽 팽나무에서
서쪽 시무나무까지

향원지 가장자리를 따라 걸으며

향원익청香遠益淸, 연꽃 향기 멀리멀리 더욱 맑다는 뜻이다. 향원정이라는 이름이 여기에서 유래되었다.

오늘날 향원지를 차지한 수생 식물들은 따로 있다. 수련은 낮에는 꽃이 피었다가 밤에는 꽃봉오리를 오므리는 습성이 있다. 졸음에 겨운 듯 잠자는 모습을 닮아서 수련이라고 불린다. 연못 가득히 잎을 펼치고서 곳곳에 하얀 꽃들을 피워낸다. 티 없이 맑고 청초하다. 새끼 오리 한 마리쯤 수련 잎에 올라서도 거뜬하다. 취향교가 있는 쪽에는 남개연이 많이 핀다. 왜개연이라고도 한다. 수면 여기저기에 줄기를 꼿꼿하게 세우고 그 위에 작고 야무지게 생긴 노란 꽃을 피운다. 그 모습이 마치 잠수함의 잠망경을 연상시킨다. 연못 속에 사람 사는 세상이 너무나 궁금한 그 어떤 존재가 있어 사람들이 모르게 이곳을 탐지하고 있는 것은 아닐까.

취향교 오른쪽에 느릅나무가 한 걸음 나와 있다. 느릅나무는 잎은 작아도 다부지고 품은 언제나 넉넉하다. 나무 주위에 옥수수알처럼 생긴 돌을 둘렀는데 작은 신발을 신은 것처럼 아무래도 나무 뿌리가 불편해 보인다. 왠지 안쓰럽다.

향원지 동쪽에 팽나무 한 그루. 팽나무는 '팽~' 하는 소리 때문에 팽나무라는 이름을 얻었다. 나무와 사람들의 사이가 지금보다 가까웠던 시절에 동네 개구쟁이 사내아이들은 딱총나무로 딱총을 만들고 팽나무 열매를 총알 삼아서 가지고 놀았다. 팽나무 열매가 '팽~' 하는 소리를 내며 저만치 날아갈 때 아이들의 눈은 열매보다 더 먼 곳까지 달렸다. 부러움에 감탄하는 소리, 마음 같지 않아서 실망하는 소리가 더해졌다. 어린 시절 고향 마을에서 친구들과 놀았던 추억이 있는 누군가에게 팽나무는 그리움의 나무다.

팽나무 바로 근처에 소나무들이 있다. 향원지 연못 안에 빠지고 싶어 안달이 난 것일까. 아니면 줄기가 자꾸 앞으로 기울어 연못에 빠질까 봐 안간힘을 쓰고 있는 것일까. 밀어달라는 것인지 잡아당겨달라는 것인지 소나무의 속내를 모르겠다. 소나무 가지에 까치가 자주 앉는데 역시 까치는 소나무와 더 잘 어울린다. 도시 골목길에서 쓰레기 봉지까지 뜯고 있는 까치를 보는 것은 조금 서글픈 일이다. 소나무와 어울린 까치를 보니 잔치 옷을 말쑥하게 챙겨 입고 나타난 오랜 친구를 보는 것 같다.

소나무를 지나 조금 걸으면 뽕나무가 있다. 키가 제법 크다. 무심코

향원지 연못 ©지숲

수련은 낮에는 꽃이 피었다가 밤에는 꽃봉오리를 오므리는 습성이 있다.
졸음에 겨운 듯 잠자는 모습을 닮아서 수련이라고 불린다.
연못 가득히 잎을 펼치고서 곳곳에 하얀 꽃들을 피워낸다.
티 없이 맑고 청초하다.

보면 줄기엔 뽕나무 명찰을 달았는데 잎을 보면 단풍나무처럼 보이는, 뭔가 정체가 수상한 나무가 있다. 알고 보면 단풍나무 잎이 나풀나풀 레이스처럼 뽕나무 줄기 위에 드리운 것이다. 뽕나무에 오디 열매가 익어도 사람들은 그저 무심히 지나가지만, 때를 노린 궁궐의 새들에겐 풍성하게 한 상 차려낸 자연의 식탁이다.

느티나무 그늘 아래 건청궁을 뒤로 하고 향원지와 마주 보는 곳에 나무의자가 놓였다. 앉아 쉬다 보면 향원지 가장자리를 따라 다람쥐가 지나다가 가끔은 멈춰 서서 두 손으로 열매를 먹는 모습을 볼 수 있다. 나무 친구들이 자기를 보호해줄 것으로 믿는지 사람이 있어도 도망칠 생각이 없다. 사람도 쉬어가고 다람쥐들도 방해받지 않고 식사를 한다.

향원지 서쪽에 열상진원이 가까운 곳에는 회화나무가 있다. 회화나무는 가지를 뻗은 모습이 단아하고 기품이 있어 학자의 절개를 상징한다. 같은 나무를 두고 어떤 이는 학자수, 양반나무, 정승나무라고 하고 또 사람에 따라서는 먹물나무라며 깎아내린다. 먹물은 양반, 학자를 낮춰 부르는 말이다. 문어도 먹물 주머니를 갖고 있어 '문어'라는 이름을 얻었다. 머리로만 알고 실천하지 않는 사람, 현실적으로 문제를 해결하고 대처하는 능력이라곤 하나도 없이 원리 원칙만 따지는 고루하고 답답한 사람을 비판하는 말이기도 하다. 회화나무가 양반이 되거나 먹물을 쓸 일은 없겠지만 우리가 왜 공부를 하는지, 어떤 공부를 하고 있는지 되돌려 묻는 듯하다.

회화나무와 길을 사이에 두고 수로 가까이에 쉬나무가 있다. 쉬나무는 검은색의 열매를 맺는데 전기가 없던 시절에 이 나무 열매로 기름을 짜서 호롱불을 밝혀 글을 읽었다고 한다.

향원지의 동쪽 가장자리를 따라 걷는 길에 오리나무와 시무나무가 있다. 오리마다 심어서 오리나무, 스무 리(이십 리)마다 심어서 시무나무가 되었다. 옛사람들이 거리를 짐작할 수 있게 길의 이정표가 되어주었던 나무들이다. 옛날에 한양으로 과거 시험을 보러 가기 위해 괴나리 봇짐에 짚신 몇 켤레 걸고 터벅터벅 걸어가던 선비들의 뒷모습을 나무들은 아직 기억하고 있을까.

향원지 연못 가장자리를 따라 걸으면서 만나게 되는 나무들은 삶의 현장에서 은퇴하고 이만큼 뒤로 물러난 세대의 얼굴을 떠올리게 한다. 자연 놀이터가 되어주고 놀잇감을 주었던 팽나무였지만 이제는 장난감 천국에 자리를 물려주었다. 누에들과 뽕잎이 합작해서 사람들에게 비단 옷을 입혀주던 뽕나무의 시절도 섬유 산업에 자리를 내주었다. 어둠을 밝혀주고 시력까지 보호해주는 전등이 생겼으니 쉬나무도 나무 열매를 기름으로 내어줄 일이 없어졌다. 지구촌 세상이 되었으니 오리나무와 시무나무가 거리를 알려주기엔 힘에 부친다. 이제는 향원지에 이렇게 모여서 찾아오는 손님들에게 옛날이야기들을 들려주며 조용히 살고 있다. 긴 세월 동안 사람들의 곁을 지키면서 애쓴 나무들에게 마음의 인사를 보낸다.

– '고맙습니다'

향원지 연못 가장자리를 따라 걸으면서 만나게 되는 나무들은
삶의 현장에서 은퇴하고 이만큼 뒤로 물러난 세대의 얼굴을 떠올리게 한다.

생각해보기

도시의 나무들과 친구 되기

우리는 이 도시에 나무 손님들을 초대해놓고선 전혀 관심을 주지 않는 집주인과 같다. 사실 사람도 도시의 진짜 주인은 아니다. 아파트와 건물들이 높이 더 높이 수직으로 자꾸 높아져 높은 산조차 힘들이지 않고 시야에서 가려버리니 도로의 가로수들이야 오죽하랴. 가로수들도 키가 작은 편이 아닌데 위세 좋은 도시 건물 앞에선 도리가 없다.

자리를 잘못 잡은 나무들은 줄기를 맘껏 뻗을 수도 없다. 전선에 걸리니까 싹둑, 씨를 너무 많이 날리는 데다가 사람에게 알레르기까지 일으키니 미리미리 싹둑, 시야를 가려 도로 교통을 방해하니까 싹둑, 이런저런 이유로 줄기들이 잘린다. 미적인 감각이라곤 하나도 없이 싹둑싹둑 잘라진 모양이 애처롭다.

도시의 잔디밭 가장자리나 건물 앞에 작은 화단에는 흔히 회양목들을 줄

맞춰 심는다. 회양목들은 대개 막대사탕처럼 동그랗게 다듬어진다. 그러다 보니 숲 속에서 자유롭게 자란 키 큰 회양목을 잘 알아보지 못하는 일도 있다. 개나리도 보기에 딱할 때가 있다. 개나리는 높은 곳에 심으면 아래로 줄기가 늘어지고, 낮은 곳에 심으면 줄기를 위로 뻗는다. 꽤 멋있다. 경사지에 개나리를 심으면 흙을 붙잡아주는 역할도 꽤 잘 해낸다. 그런데 이런 개나리도 사람을 잘못 만나면 입영전야의 예비군인 아저씨 같은 신세가 되고 만다. 자연 안에 도시가 들어앉은 것이 분명한데 거대한 도시 안에 마치 자연물을 소품 삼아서 꾸민 것 같은 느낌이다.

도시가 자꾸 넓어지면서 나무들은 제 생명을 지키는 일조차 쉽지 않다. 몇 백 년을 살아온 나무들이 교통 흐름을 방해한다는 이유로, 건물이나 주차장을 더 지어야 한다는 이유로 뿌리째 뽑혀 다른 곳으로 옮겨 심어진다. 나무 고아원이 있다고 해도 모든 나무들이 보살핌을 받지는 못한다.

다행히 노거수들은 보호를 받기도 한다. 노거수는 오래된 큰 나무들이

다. 어르신들의 지팡이처럼 받침대를 세워주거나 줄기가 병들면 치료도 받는다. 나무 둘레에 울타리를 두르고 표지판을 세우기도 한다. 눈이 밝은 사람들은 오고 가는 길에 '도나무'들을 볼 수 있다. 도나무는 나무 이름이 아니다. 이 나무가 어느 지역을 대표한다는 표시이다. 알고 보면 우리 동네를 대표하는 '구나무'도 있고 우리 학교를 대표하는 '교목'도 있다. 도나무, 구나무, 교목, 보호수라는 이름 대신에 나무의 이름을 불러주는 사람이 많아지면 좋겠다. 이름을 기억하고 불러주면서 나무와 사람의 사이도 좋아질 테니까.

나무의 키는 그만큼의 생명의 키다. 나무의 키는 지구 생명이 어느 정도까지 펼쳐질 수 있는지를 보여준다. 나무는 스스로 자라고, 자라는 만큼 지구 생명들은 더욱더 풍성해진다. 나무는 생명 에너지를 만들어내지만 도시의 건물들은 그런 능력이 없다. 그래서 사람이 인위적으로 끝없이 에너지를 공급해주어야 한다. 그 에너지조차 자연에서 가져와야 한다.

도시의 나무들은 경복궁 담장을 가뿐히 넘어선다. 수평으로 넓게 지어진 궁궐 담장은 나무와 애써 키 재기를 하지 않는다. 담장 너머 나무들이 하늘을 향해 섰고 하늘의 해님과 구름과 바람이 가깝다. 북악도 그 모습이 좋은지 저만치에서 웃는다.

해보기

- 향원지 서쪽에 이웃으로 살고 있는 감나무와 말채나무, 줄기의 생김새를 비교해보기.
- 할아버지, 할머니께 어릴 적 자연 놀이 이야기를 듣고 배워보기.
- 정해진 시간에 학습해야 했던 대상이 아니라 친구들과의 놀이터가 되어주었던 장소에 대한 기억, 그곳에 있었던 나무가 있는지 떠올려보기.
- 향원지에 수련이 한창일 때 수련 잎에 올라 선 새끼 오리를 보았다면 소리치지 않기. 오리 놀랠라.
- 최대한 느리게 걸어보기, 최대한 빠르게 달려보기, 내 몸이 낼 수 있는 속도의 범위를 느껴보기.
- 빠를수록 좋은가. 우리도 모르게 속도의 신화에 빠져 있는 것은 아닌지 돌아보기.
- 멋진 나무들을 만났을 때 키 재보고 품 재보기, 누가 누가 큰가, 누가 누가 넓은가.

우리나라 전기의 역사가 시작된 곳

향원정 북쪽, 전기발상지 표지석 앞에서

우리나라에서 제일 처음 전등불이 켜진 곳은 어디일까. 바로 여기 경복궁이다. 열상진원 뒤로 단풍나무 아래에, 이곳이 우리나라 전기발상지임을 알리는 표지석이 있다. 표지석에는 다음과 같이 쓰여 있다.

"이곳은 고종 황제의 어명으로 우리나라에서 처음으로 발전소를 설립하여 1887년 3월 6일 건청궁 전등에 점화하고 경복궁에 750개의 전등을 가설 점등함으로써 이 땅에 비로소 문명의 빛을 밝힌 유서 깊은 곳이다."

건청궁 장안당 뒤에 북행각이 길게 펼쳐져 있는데 이 안에 수력 발전기가 있었다고 전해진다. 언젠가 그 모습을 보게 되는 날도 있으면 좋겠다. 향원지의 물을 끌어오고 석탄으로 그 물을 끓이고 발생된 증기를 이용해 발전기를 돌렸다고 한다. 그렇게 발생된 전기가 건청궁 안에 설치된 750개의 전구를 밝혔다. 당시 발생된 전기의 양은 많지 않았고 전기의 질도 낮아서 불이 들어왔다가 다시 나가는 일이 여러 번 반복되었다. 뜨거워진 열을 식히기 위해 냉각수를 돌렸는데 사용하고 난 냉각수를 향원지로 다시 흘려보냈다. 열기를 품은 냉각수가 향원지로 방류되었을 때 연못의 물고기들은 평상시보다 높은 수온 때문에 놀랐을 테고, 발전기가 돌아가는 시끄러운 기계음은 사람들에게 낯선 경험이었을 것이다.

사람들은 아주 옛날부터 자연에 전기가 존재한다는 것을 경험으로 알고 있었다. 벼락이 치거나 정전기가 생기는 것, 호박을 문지르면 물건을 끌어당기는 성질이 있다는 것도 알았다. 그러나 충분한 전기를 얻거나 삶에 이용할 수 있는 수준엔 미치지 못했다.

영국의 마이클 페러데이는 전기의 역사를 크게 바꾸어놓았다. 페러데이는 다른 과학자들의 연구들을 바탕으로 전기와 자기를 이용해 운동을 일으킬 수 있다면 자기와 운동이 전기를 발생시킬 수도 있지 않을까 하는 의문을 가졌다. 결국 페러데이는 감아놓은 코일에 막대자석을 넣었다 뺐다 했을 때 전기가 발생되는 현상을 발견했다. 이러한 원리를 이용해 제일 처음 발전기를 만들었다. 발전기가 등장하자 전기의 역사는 이전과 크게 달라졌다.

전기 이야기에 토마스 에디슨의 전구가 빠질 수 없다. 에디슨은 천재 발명왕이었지만 전류가 흘렀을 때 밝은 빛을 오래 낼 수 있는 물건을 찾는 과정에서 온갖 시행착오를 겪었다. 1880년에 마침내 실모양

경복궁 야경 ©지숲

빛은 변함없이 밝고 따뜻한 에너지이다.
작은 불빛 하나가 어둠을 밝히고 또 다른 세상을 열어주었다.

의 탄소 필라멘트를 찾아냈고, 에디슨의 탄소 전구는 특허를 받았다. 1882년이 되자 에디슨 전기회사가 설립되었고, 뉴욕에 최초의 발전소를 세워 약 85여 가구에 전력을 공급했다. 1887년에 미국공사를 통해 에디슨 전기회사의 발전기와 전등 시설들이 경복궁에 들어왔다.

오늘날 궁궐 밖은 전혀 다른 풍경이다. 해마다 성탄절이 돌아오면 화려한 불빛들로 거리가 눈부시다. 세종로의 나무들과 청계 광장 주변의 나무들은 꼬마전구가 줄줄이 달린 전선줄에 온몸이 칭칭 감겨진다. 다가오는 성탄을 축하하고 도시의 어둠을 아름답게 밝혀주기 위한 것이다. 도시의 나무들은 잠 못들고, 빌딩 숲 사이로 높이 솟아오른 달빛도 무색해진다. 평상시에도 도시의 밤은 환하다. 사람들이 모두 빠져나간 도시 건물 벽에는 여전히 광고판이 반짝이고 네온사인의 불빛도 밤새 꺼지지 않는다.

지금 우리는 전기가 없는 삶을 상상조차 하기 어렵다. 전기를 이용해서 할 수 있는 일이 너무너무 많아졌다. 전기의 혜택이자 놀라운 선물이다. 하지만 반대로 전기를 쓸 수 없게 되었을 때 아무것도 할 수 없는 상황도 그만큼 많아졌다. 대도시에서 아무 예고 없이 갑작스럽게 정전이 되면 일상생활이 온통 마비가 되는 혼란을 겪는다. 단순한 불편함에서부터 생명을 다투는 급박한 상황들이 동시에 벌어진다. 이렇게 우리는 통제 밖의 전기를 경험하는 순간, 우리가 전기에 얼마나 심각하게 의존하고 있는지를 두려움과 함께 실감하게 된다. 처음에 사람이 필요해서 전기를 만들었는데 어느새 전기 때문에 삶이 좌지우지되는 상황이 벌어지고 있다. 인공 불빛이 사방에 넘쳐나고 때로 지나쳐 빛이 공해로 취급되는 일도 생겨난다.

빛은 변함없이 밝고 따뜻한 에너지이다. 작은 불빛 하나가 어둠을 밝히고 또 다른 세상을 열어주었다. 지금 이 시간에도 지구상의 어느 곳에선 사람들의 삶이 순하게 밝혀지고 있을 것이다.

생각해보기

지구 생태계 햇빛 공장 가동 중

태양의 힘을 이용해 전기를 발생시키는 기술이 새롭게 주목받고 있다. 화석연료를 태우는 발전소와 비교하면 온실기체를 적게 발생시키고 깨끗한 에너지를 만들 수 있다. 그러나 혹시라도 화석연료가 제공해주는 엄청난 에너지의 힘을 고스란히 대체해줄 에너지원으로서 태양을 바라보고 있다면, 우리는 이제 태양마저 탐을 내고 있는 셈이다. 실로 두려운 일이다. 누군가의 삶의 터전이었던 곳에 대규모의 태양광 발전소를 짓고, 엄청난 양의 전기를 생산해서 그 전기를 송전탑을 통해 먼 거리에 공급하고, 또 누군가는 공급받은 전기를 맘껏 소비하는 지금의 방식을 여전히 되풀이하려고 든다면 말이다.

태양 에너지는 무한하며 공짜이며 오염을 일으키지 않는다. 이 말은 한편으로 맞고 한편으론 틀렸다. 태양이 빛나는 동안 우린 끝없이 에너지를 얻을 수 있다. 태양이 사람에게 태양 사용료를 요구하는 일은 없을 테니 사

람은 제 주머니에서 대가를 지불하지 않아도 된다. 사람들은 경제적인 비용이 들지 않으니 당연히 공짜라고 여긴다. 하지만 우리가 태양을 대하는 수준이 여기에 머문다면 예기치 않은 재앙이 닥칠 수도 있다. 태양조차 인간이 함부로 개발하고 이용할 수 있는 자원으로 대하기 때문이다. 사람이 태양광 발전소를 짓고, 통제하고, 생산하고, 소비할 수 있는 기술을 가졌다는 것만으로 생태적인 삶을 살게 되었다고 할 수 없다.

태양은 지구 생명의 근원 에너지이다. 인간에게도 예외가 아니다. 인간이 독차지해서 마음대로 쓸 수 있는 에너지 자원이 아니다. 바람, 지열, 밀물과 썰물, 태양이 만들어주는 에너지는 모두 자연 에너지이다. 적당한 장소를 찾아내고 인간의 기술을 적용하면 자연력을 이용할 수 있다. 사람은 자연력을 이용할 수 있지만 자연력을 만들 수는 없다. 무엇보다 잊지 않아야 할 것이 있다. 자연이 제공하는 자연 에너지는 자연의 속성을 지녔다. 이 말은 자연력은 무한하지 않아서 자연력이 제공할 수 있는 에너지에는 한계가 있다는 뜻이다. 인간의 기술이 발전에 발전을 거듭해서 자연이 줄 수 있는 한계를 조금 넓힐 수는 있어도 완전히 넘어설 수는 없다.

인간이 에너지 소비자에만 머물러 지나치게 탐욕을 부리면 자연력을 제공해주던 기반이 파괴되고 무너질 수 있다. 그때 자연은 아무것도 내어주지 않을 것이다. 바람은 늘 부는 거라고 생각했지만 바람은 멈출 수 있다. 밀물과 썰물은 늘 오고 가는 것이라고 여기지만 그 힘은 약해질 수 있다. 태양은 언제나 변함없이 우리 편이라고 여길지 모르겠지만 과연 그럴까? 빛이 지구 표면에 닿기 전에 그 무엇에 의해 차단되는 상황은 언제든지 일어날 수 있다.

인류의 역사는 빛과 열을 찾아가는 여정이었다. 에너지는 우리의 삶과 밀접한 관련이 있다. 석유 시대를 넘어 태양의 시대를 향해 나아가려는 것은 단순히 화석연료를 태양으로 바꾸자는 것 그 이상이다. 에너지가 달라지면 그 에너지에 기반하고 있는 인간 삶의 모습도 달라져야 한다. 달라지는 것이 자연스럽다. 삶의 방식이 달라지지 않는다면 그것은 에너지의 종류만 바꾸었을 뿐이다. 지금까지 애증으로 살아온 석유 시대와 마감하고 싶은 우리들에게 태양은 현실적인 희망이다. 태양을 향해 성급히 달려들기 전에 지금 우리는 왜 태양의 시대로 가고 싶은지 차분하게 삶을 돌아볼 여유가 필요하다.

지구에는 이미 오래전부터 태양 에너지를 생명 에너지로 전환시켜온 존재들이 있다. 녹색 식물들이 대표적인 선두주자들이다. 식물의 잎에는 태양빛을 이용할 수 있는 에너지 공장이 있다. 잎의 엽록소와 엽록체가 있는 곳이 태양 에너지 공장이라면 녹색 식물의 광합성 작용은 에너지 전환 공정이라고 할 수 있다. 녹색 식물은 자신들만이 아니라 지구 생태계의 생명 부양을 모두 책임지고 있다. 생명 에너지는 탄수화물을 비롯한 각종 영양분 상자 안에 담겨 먹이사슬과 먹이그물을 통해 지구 생태계의 여러 생물들에게 차례차례 전달된다. 지구 식물들은 태양빛을 이용해서 스스로 생명 에너지를 만들 수 있으니 독립적으로 살아가고, 지구 동물들은 식물들이 만든 에너지에 종속되어 살아간다.

자연 에너지는 서로가 서로에게 의지하면서도 독립적으로 살아갈 수 있게 돕는다. 녹색 식물들은 오래전부터 태양 에너지를 이용할 줄 알았다. 생명 에너지를 만들어 자립적으로 살아가면서도 뽐내지 않는다. 지구에 식물만의 왕궁을 건설하고자 욕심내지 않는다. 생명 에너지는 지구 생태계를 건강하고 튼튼하게 부양하는 데 쓰인다. 에너지를 쓰면서도 탐욕스런 소비자가 되지는 않는다.

도시를 걷다 보면 건물의 외벽이나 건물 앞에, 학교 운동장 한 켠에, 등산로 입구에, 숲 속 화장실에, 소규모 태양광 장치들이 세워진 것을 볼 수 있다. 식물들이 저마다 조금씩 엽록소를 나누어 가지고 태양을 평등하게 이용하며 스스로 독립적으로 살아가는 모습을 그대로 닮았다. 사람들이여, 지구 생태계 안에 있는 노련한 에너지 생산자와 지혜로운 에너지 소비자에게서 한 수 배우는 것은 어떠한가.

해보기

3일간의 약속

- 전기를 사용하는 물건들 중에 내가 가장 좋아하는 물건의 목록을 적어보기.
- 목록에 적인 물건들 중에 며칠쯤 기꺼이 내려놓을 수 있는 것은 무엇인지 표시해보기.
- 내가 정한 그 물건 없이 3일 동안 지내면서 나의 느낌과 감정 변화, 삶의 변화가 있는지 관찰해보기.
- 3일이 지난 후에 내가 어떤 사람인지 한 줄로 표현해보기.
- 녹색 식물이 지구 생태계를 부양하는 태양 이용 살림법의 비결 엿보기.
- 지구 생태계의 에너지 생산자, 에너지 소비자를 가상 인터뷰하는 기사 써보기.

10장

함화당
집경당

궁궐의 장독대를 그냥 지나칠 수 없지

장고로 들여다본 옹기 이야기

임금님의 진지를 수라, 임금과 왕비의 밥상을 수라상, 수라를 만드는 곳을 수라간이라고 한다. 수라간은 소주방이라고도 불렸다. 소주방은 마시는 소주와 아무 상관이 없다. 소주는 한자로 불사를 소燒, 부엌 주廚라고 쓴다. 사람이 집을 짓고 살면서 단순한 움집에서부터 현대식 아파트까지 언제나 불이 있었고, '소주'라는 말은 집에서 불이 가진 이미지를 잘 보여준다.

음식을 조리하려면 불을 사용해야 하는데 궁궐에서는 화재가 날 것을 염려해서 주요 전각들에서 떨어진 곳에 수라간을 두었다. 왕, 왕비, 대비, 세자를 위한 수라간이 따로 있었다. 평상시에 아침, 낮, 저녁의 수라를 준비하는 곳과 궁중 잔치가 열릴 때 음식을 만들던 곳이 구분되어 있었다. 잔치가 있을 때면 궁궐의 전속 남자 조리사인 대령

숙수들이 주로 조리를 하고 상궁들이 도와 음식을 만들었다. 수라간이 좁으니 임시로 부엌을 짓고 경우에 따라 수십 명에서 백여 명의 숙수들이 며칠 동안 음식을 만들었다.

음식에 필요한 재료들은 궁 밖에서 가져왔다. 평상시에도 각 지방마다 매달 초하루가 되면 왕실에 정기적으로 음식 재료를 올리는 제도가 있었다.

예를 들면 곡류, 야채류, 어패류, 해초류, 육류, 건어물, 양념류, 과실류들이 있었고, 여기에 젓갈, 포, 정과, 장류 등 완성된 음식들이 포함되었다. 필요에 따라 지방 특산물들이 올라오고 때로 조리 용구도 올라왔다. 김장을 하거나 장을 담가야 할 때는 메주와 소금도 올라왔다. 담당하는 관청들이 있었는데 음식이 나라의 살림살이와 관련이 있는지라 주로 호조에 속해 있었다.

수라간에는 궁녀들이 배치되는데 음식 담당, 반찬 담당, 양념 담당, 삶는 요리 담당이 따로 정해져 있었다. 궁녀들은 수라간에 모여 때맞춰 밥을 짓고 반찬을 만드느라 분주했을 것이다.

옛 살림집마다 장독대가 있었다. 궁궐 안에도 장고가 있었다. 최근에 함화당·집경당의 서쪽 수로 건너편에 장고가 복원되었다. 장고는 말 그대로 궁궐의 옹기를 놓아두던 궁궐의 장독대이다. 경사지를 활용해 계단식으로 만들었다. 경복궁에는 이곳 외에도 함화당·집경당의 동쪽에 장고가 한 곳 더 있었다고 한다.

장고에는 각종 음식을 만들 때 간을 맞추거나 깊은 맛을 내기 위해

궁궐의 옹기 ©지숲

궁궐 안에도 장고가 있었다.
장고는 궁궐의 옹기를 놓아두던 궁궐의 장독대이다.

필요했을 간장이나 된장 같은 장류들을 담은 옹기들이 있었다. 장류 이외에도 술과 물, 젓갈 등을 담아 쓰던 옹기들도 있었을 것이다. 지금의 옹기들은 우리나라 전국 여러 곳의 옹기들을 모아 전시해놓은 것이다.

옹기는 흔히 독, 항아리라고 부른다. 옹기는 사람이 일일이 손으로 빚어 만든다. 흙의 성질을 잘 알아야 하고, 다루는 솜씨도 있어야 한다. 무엇보다 가장 알맞은 불의 온도에서 잘 구어내야 좋은 옹기가 된다. 옹기는 저장하기에 좋고 공기가 잘 통하는 성질이 있어 발효식품에는 그만이다. 깨져도 쓰레기를 만들지 않는다. 언뜻 그 항아리가 그 항아리처럼 보여도 쓰임에 따라 모양이 다르다. 젓갈독이라면 새우, 멸치, 조기, 굴 등의 어패류에 소금을 넣어 발효시킬 때 주로 쓰는데 대개 길쭉한 모양이다.

한때 서울 강북구 수유리 덕성여자대학교 근처에 옹기박물관이 있었다. 이젠 그 자리에 빌라가 세워지면서 옹기박물관은 흔적 없이 사라져버렸다. 옹기종기 모아놓은 옹기들을 보러, 예쁘게 꾸며진 화단과 계절마다 피고 지는 꽃들을 보러 그곳에 자주 가곤 했었다.

먼저 풍로 이야기를 해보자면, 풍로는 차, 약, 여러 음식을 달이고 끓이기 위한 용구이다. 안에 불씨를 담고 아랫부분에 불 구멍과 바람구멍을 내어 불이 잘 붙고 꺼지지 않게 만들었다. 표면에 옻칠을 하고 봉황, 영지, 구름, 파도 등의 무늬로 장식했다. 십장생 문양과 제작 방법으로 보아 궁중에서 사용했을 것으로 짐작되는 물건이다.

또 하나는 어미독이다. 이것은 임금님의 쌀을 보관하던 쌀항아리이다. 항아리의 어깨 부분에 무늬가 있는데 일월오악도에 나오는 산과 소나무를 번갈아 그렸다. 수라간의 어느 한 켠에 있어도 잘 어울렸을 것 같다.

옹기 앞에서라면 플라스틱 용기와 일회용 용기들이 아무리 편리하다고 자랑을 해도 생색이 나지 않는다. 플라스틱과 일회용 용기들을 만드는 일, 쓰고 난 뒤에 쓰레기가 되었을 때 처리하는 일까지 생각하면 정말 편리하긴 한 건가. 지금 우리는 편리함의 신화에 갇혀 알고 보면 너무나 불편하게 살고 있지는 않은가.

생각해보기

항아리에 버선본이 있는 까닭은

장고에 가면 속이 빈 항아리들이 내색도 않고 그럴듯하게 진열되어 있다. 옛날엔 어떤 풍경이었을까. 우리네 할머니와 어머니들이 그러셨던 것처럼 장을 담그기에 좋은 날을 잡았다면 그 전에 미리 항아리들을 깨끗이 씻어 말렸을 것이다. 바람이 좋고 햇볕까지 좋은 날이면 항아리들의 뚜껑을 열어두기도 하고, 항아리들이 숨을 쉴 수 있게 깨끗한 물행주로 자주 항아리를 닦아주기도 했을 것이다. 장고는 우두머리 상궁이 관리했다. 장고를 관리하는 상궁을 장고마마라고 불렀다. 장고마마께서 주기적으로 이곳에 납시어 항아리들의 뚜껑을 열고 하나하나 안을 살핀 후에 옆에 따라나선 궁녀에게 이런저런 당부를 하지 않았을까. 아직 어린 궁녀가 혼자 남아 있을 때 갑작스레 소나기가 내려 그만 장항아리에 물이 들어가버려 혼쭐이 난 적은 없었을까. 조심하느라고 했는데도 그만 항아리를 깨뜨려 잔뜩 겁에

질린 적은 또 없었을까. 궁궐 장독대 하나에 우리를 닮은 삶의 향기가 코끝에 스친다.

우리네 살림집 장독대에서 우리는 항아리 표면에 하얀 종이로 된 버선본을 거꾸로 붙여놓은 것을 볼 수 있다. 궁궐의 장고에도 하얀 버선본을 붙인 항아리가 있다.

본은 옷을 손수 지어 만들 때 치수와 모양에 맞게 미리 종이에 재단한 것을 말한다. 버선본은 버선을 만들 때 사용했던 본이다. 우리는 양말을 신지만 옛날엔 한복에 버선을 신었다.

항아리에 왜 흰색 버선본을 붙여놓았을까? 사람들이 추측하는 이유들로는 이런저런 것들이 있다. 흰색이 햇빛을 반사시켜 장맛이 변하지 않게 해주기 때문이다. 이외에도 재밌는 이유가 또 있다. 버선은 발에 신는 물건인데 발은 어디론가 가기도 하고 또 돌아오기도 한다. 어느 곳에 발을 들여놓기도 하고, 슬그머니 발을 빼기도 한다.

버선본은 자연 친구들에게 보내는 경고이자 부탁이다. 자연 친구들과 글로 소통할 수 없으니 이렇게나마 마음을 전하는 것이다.

"장맛이 혹시 변했을지라도 본래의 맛으로 돌아와주세요."

"벌레들아, 함부로 이곳에 발을 들여놓으면 혼날 줄 알아."

"벌레들은 자칫 발에 밟힐 수도 있으니 조심할 것."

이야기해보기

- 옛 사람들이 궁궐 안에서 지금 우리처럼 일상을 살았던 삶의 흔적들을 찾아보기.
- 마트나 시장에서 쉽게 살 수 있는 간장, 고추장, 된장을 담은 용기들과 옹기의 차이점을 세 가지 이야기해보기.
- 우리가 일상생활에서 자주 쓰고 있는 일회용 그릇의 종류와 쓰임을 목록으로 만들어보기.
- 지금 자신이 쓰고 있는 일회용 그릇 중에 기꺼이 사용을 줄일 수 있는 것의 종류와 대체 방안을 이야기해보기.

돌연못 가장자리에 까치 한 마리 날아들었네

함화당 북쪽, 화살나무 사이에 돌연못 하나

대개 돌연못은 아무런 장식이 없이 화강암으로 만든 네모난 그릇 모양이다. 옛날에 살림집 마당 한 켠에서도 흔하게 볼 수 있는 물건이었다. 물을 채운 돌연못에 물배추, 부레옥잠 몇 포기를 띄우기만 해도 운치가 있다. 서울의 인사동처럼 고가구와 옛 물건을 파는 거리나 전통 음식을 파는 식당, 찻집의 출입문 근처에서 자주 볼 수 있는 풍경이다.

향원정의 남쪽에 좁은 흙길 너머 함화당 북쪽 담장 앞으로 돌연못이 하나 있다. 화강암 표면에 굵게 하지荷池라고 새겼다. 잘 자란 화살나무 두 그루가 양쪽에서 하지를 감싸고 있다. 화살나무는 줄기가 마치 화살같이 생겨서 지어진 이름인데 더운 여름날엔 싱그러운 녹색으로, 가을엔 붉디붉은 열정으로 하지에 그늘을 드리운다.

언젠가 햇빛에 반짝거리는 하지의 물에 그만 반해 한참을 바라보고 있었을 때,
어디에서 왔는지도 모르게 까치 한 마리가 하지 가장자리에 내려앉았다.
까치가 고개를 숙여 하지에서 목을 축이는 장면을 숨죽이며 지켜보았다.
까치는 그저 물 한 모금이면 족한 듯했다.

하지는 그 생김새가 평범해서 오고 가는 사람들의 눈에 잘 띄지 않는다. 겨울에는 얼지 않게 비닐에 싸두거나 엎어두기 때문에 덩그러니 놓여 있는 돌덩이 취급을 받기도 한다. 그러나 더운 여름철, 궁궐에 한바탕 소나기가 지나간 뒤에 하지를 보면 그런 생각이 한순간에 사라질 것이다. 빗물이 하지의 목까지 가득 채워지면, 햇살이 넘실대는 물결을 따라 반짝반짝거린다.

언젠가 햇빛에 반짝거리는 하지의 물에 그만 반해 한참을 바라보고 있었을 때, 어디에서 왔는지도 모르게 까치 한 마리가 하지 가장자리에 내려앉았다. 까치가 고개를 숙여 하지에서 목을 축이는 장면을 숨죽이며 지켜보았다. 까치는 그저 물 한 모금이면 족한 듯했다.

새가 물을 마시는 것은 하나도 신기한 일이 아닌데 도시에서는 어느새 이런 모습을 보기가 어려워졌다. 까치가 고개를 숙여 물을 마실 수 있는 곳을 찾는 일이 궁궐 밖 도시에서라면 생각보다 쉽지 않다. 장대비가 쏟아져 도로가 온통 물난리가 되었을 때도 순식간에 그 많은 빗물이 어디로 사라졌는지 눈앞에서 없어지는 일이 벌어진다.

지구에서 물 없이 살 수 있는 생명체는 없다. 사람만 물이 필요한 것이 아니다. 사람이 아무리 기술이 뛰어나도 물을 만들 수 없으니 생색을 낼 수 있는 것도 아니다. 돌연못에 와서 까치가 마시고 간 물 한 모금은 지구에 살아가는 생명들이 당연히 나누어야 하는 지구의 것이다.

혹시라도 근정전 드므처럼 어느 날 갑자기 하지에 유리 덮개를 덮는 일이 생기지는 않을까 걱정이 된다. 오고 가는 사람들이 드므에 껌 종이, 사탕 껍질 등을 마구 버리는 일이 많아지면서 차마 쓰레기통으로 버려둘 수 없어 유리 덮개를 덮지 않았던가. 사람들이여, 제발 쓰레기를 하지에 버리지 말기를. 하지여, 제발 드므의 운명을 닮지 않기를.

생각해보기

도시의 새들은 어디에서 물을 마실까

도시에 한바탕 비가 내리고 나면 여기저기에 작은 물웅덩이들이 생겨난다. 주택가 골목길에, 아파트 단지로 이어진 도로 한 켠에, 도시 공원의 산책로에, 건물 앞에 잇닿은 너른 주차장 구석에 움푹 팬 곳마다 빗물이 고인다. 도시의 물웅덩이에 갇힌 빗물들은 포장재를 뚫을 재간이 없으니 땅 속으로 흐를 수도 없고, 꼼짝없이 갇힌 신세가 된다. 웅덩이 안에 잠시 머물다가 태양의 손을 잡고 하늘로 다시 증발되어 올라갈 때를 기다린다.

빗물이 증발하기까지 그 짧은 시간 동안 한 바가지도 안 되는 물을 부었을 정도의 좁고 얕은 빗물 물웅덩이 주변으로 도시의 새들이 모여든다. 아무래도 비둘기와 참새 손님들이 많은 편이다. 도시에 살면서 동병상련의 감정을 느끼는지 비둘기와 참새들은 서로 다투지도 않고 물웅덩이 주변으로 서로 어울려 모여든다.

문득 떠오르는 풍경이 있다. 어느 날 작은 섬마을에 갑자기 단수가 되었다. 물을 공급하기 위해 급수차가 출동했고 급수차가 왔다는 소식을 들은 마을 사람들이 너나 할 것 없이 크고 작은 물병들과 살림 도구를 양손에 챙겨들고 대문 밖으로 나왔다. 물통을 죽 늘어놓고 제 순서를 기다렸다가 물을 받아 집으로 돌아간다. 그 물로 밥을 짓고 씻고 빨래하기에도 턱없이 부족하지만 어쩔 도리가 없지 않은가.

물론 도시 새들의 처지가 더 가련하긴 하다. 사람들이 보기에 평상시에는 그저 움푹 팬 곳에 불과한 곳들이 비가 그치고 나면 크고 작은 그릇이 되어 물을 담고 있다. 아스팔트가 벗겨졌거나 보도블록이 매끄럽게 깔리지 않은 덕에 생긴 물웅덩이가 많다. 대개 주차장과 도로, 공터의 파인 공간이라서 고인 물은 그리 깨끗하지 않다. 새들이 이곳에서 목마름을 가실 수 있어도 깃털을 씻고 한숨 돌리며 쉬기엔 충분해 보이지 않는다. 게다가 비가 내리면서 도시 하늘의 먼지와 오염 물질까지 씻어낸 탓에 물은 대개 더럽고 탁하다. 그나마 태양이 머리 높이 떠오르면 물웅덩이는 금세 바닥을 보이고 새들은 어디로 가고 보이지 않는다.

비가 오지 않는 날에도 도심 곳곳에서 물을 볼 수 있는 곳들이 있다. 최근에 도시 곳곳에 바닥분수가 늘었다. 도시의 여름은 뜨겁다. 스스로 토해내는 열기까지 더해져 찜통 안에 들어앉아 있는 것 같은 날이 많다. 바닥에서부터 시원스레 물줄기가 하늘을 향해 뿜어 올려지면 더위에 지친 어린이들에게 그곳은 신나는 놀이터가 된다. 온몸이 다 젖어도 아랑곳하지 않고 물줄기 사이를 뛰어 돌아다니고 웃음소리가 끊이지 않는다. 지켜보는 어른들은 미소를 지으며 부러움을 감춘다. 도시의 분수들은 점점 더 세련되어진다. 강을 가로지르는 다리의 양쪽에서 분수를 뿜어내기고 하고, 음악이 연주되고, 마치 춤을 추는 듯한 분수들도 어렵지 않게 볼 수 있다. 가족, 연인, 친구들에게 삶의 즐거움과 여유를 돌려주는 장소가 되어준다.

그런데 사람들에게 좋은 분수가 도시 새들에게도 과연 낭만적이고 멋진 분수대일까. 새들은 입술이 아닌 부리를 가졌는데 부리를 가진 새들이 바닥에 뿌려진 물을 어찌 마실 수 있을까. 뿐만 아니라 새들에게는 도시의 곳곳에 놓인 음수대도 매정하긴 마찬가지일 것이다. 사람이라면 손으로 수도꼭지를 돌려 틀고, 컵을 이용하거나 입을 대어 마실 수도 있겠으나 새들이 어찌 그렇게 할 수 있으랴.

도시에 생태 하천이 많이 복원되었으니 예전보다 조금 나아졌다고 하는 사람들이 있다. 하지만 새들에게 직접 물어본 적이 없으니 사람들이 짐작할 뿐이다. 비가 오면 도시 하천이 오랜만에 넘실거린다. 그런데 물길 가운데 있는 돌과 흙을 너무 깊이 긁어낸 탓에 물이 너무 빨리 흐른다. 물살이

빠를 뿐만 아니라 하천의 바닥 깊이가 깊어지면서 새들이 발 디딜 곳이 없어졌다. 가끔씩 모여 모래 목욕을 하던 모래톱도 사라져버렸다. 더러 이를 알아챈 사람들이 있어 하천 물길에 나무 막대들을 세우고, 돌무더기를 쌓고 모래더미를 꾸며주는 것으로 새들을 달래볼 뿐이다.

해보기

- 우리 주변에서 분수대를 찾아보고, 그 위치, 크기와 모양 살펴보기. 새들이 이 곳에서 물을 마실 수 있을지 서로 이야기해보기.
- 세계 여러 나라의 분수 중에서 생태적인 특성들이 있는지 함께 찾아 이야기해보기.
- 도시의 분수대를 생태적으로 설계해보기.
- 새들을 위한 돌연못을 주변 어디에 놓으면 좋을지 이야기해보기.
- 하찮아 보이는 작은 물웅덩이, 습지, 개울, 실개천, 하천들이 도시의 생태계에서 어떤 역할을 하는지 이야기해보기.
- 생태 연못이 있는 학교가 있는지, 어디에 있는지 찾아보기.

11장

동궁

조선의 세자로 살아가기

비현각을 마주 보고 앉아서

왕의 자녀들은 많지만 누구나 세자가 될 수는 없다. 세자가 되고 싶었으나 될 수 없었던 사람, 세자가 되고 싶지 않았으나 세자가 되어야만 했던 사람이 왜 없었을까.

세자가 되면 특권과 함께 막중한 책임이 주어졌다. 세자는 특별히 정한 날에 문무백관들과 종친들이 모두 참석한 자리에서 세자 임명장을 받았다. 죽책문은 대나무를 엮어 만든 책에 세자로 임명한다는 사실을 기록한 것이다. 이와 함께 세자에게 당부하는 훈계의 글이 적힌 교명문, 세자를 상징하는 도장인 세자인을 받았다. 세자 책봉식은 세자의 신분으로 살아가는 출발점이었다.

세자는 궁궐에서 스승을 모시고 공부를 했지만 상징적으로 입학례를 치렀다. 궁을 나와 성균관을 직접 찾아가서 공자를 모신 대성전에

경복궁 비현각 내부 ©문화재청

세자는 어릴 때부터 왕세자 교육을 받았고,
장차 왕이 될 신분으로서 엄격한 제왕교육을 받았다.
학식과 덕망이 뛰어난 학자들로부터 강의를 듣고,
스승을 곁에 모시고 공부에 힘썼다.

참배하고 스승에게 제자로서의 예의를 행하며 가르침을 청했다. 이때 제자는 스승에게 마음의 정성을 담은 선물을 올리는 것이 예였다.

동궁 앞에 춘방과 계방이 있던 터가 남아 있다. 춘방은 시강원으로 세자를 교육하던 기관이다. 이곳에 전용 도서관이 있었다고 한다. 세자는 어릴 때부터 왕세자 교육을 받았고, 장차 왕이 될 신분으로서 엄격한 제왕교육을 받았다. 학식과 덕망이 뛰어난 학자들로부터 강의를 듣고, 스승을 곁에 모시고 공부에 힘썼다. 유교의 경전들을 익히고. 역사책을 읽고, 이외에도 예, 악, 활쏘기, 말 다루기, 수數를 공부했다. 계방은 세자를 경호하던 군사들이 머물렀던 곳이다. 세자의 글 읽는 소리가 담장 너머 퍼져 나갈 때 보디가드처럼 그 곁을 지키고 있었을 것이다. 유학을 공부하는 사람은 공부하는 자세에도 지켜야 할 예의가 있었다. 방바닥에 드러눕거나 배를 깔고 엎드려 책을 읽지는 않았을 것이다. 그런데 세자도 사람인데 정말 그랬을까?

동궁에서 왕세자라는 이름으로 가장 오래 머물렀던 이는 문종 임금이다. 8살에 세자가 된 후 거의 30년 동안 세자로 지냈다. 그리고 고종 임금 때 동궁이 중건되면서 이곳에 순종 임금이 잠시 머물렀다. 지금 있는 것은 최근에 복원된 것이다.

조선의 세자였으나 문종과 순종, 두 사람의 운명은 많이 달랐다. 문종 임금은 세종 임금과 소헌왕후 심씨의 맏아들로 태어났다. 아버지를 닮아 공부하기를 즐겼고 세자 시절부터 세종 임금을 도와 많은 업적을 남겼다. 세종 임금이 세상을 떠나자 왕위에 올랐다.

순종 임금은 고종 임금이 왕위에 오른 지 11년 만에 명성왕후 민씨와의 사이에서 태어났다. 창덕궁 인정전에서 축하 잔치가 성대하게 열렸다. 태어난 이듬해 왕세자가 되었고, 1897년 대한제국이 수립되면서 황태자로 책봉되었다. 일제에 의해 고종 황제가 강제로 폐위되자 이어 황제의 자리에 올랐으나 대한제국의 멸망과 함께 비운의 황제가 되었다.

조선의 문종 임금, 대한제국의 순종 임금, 지금 21세기를 살아가는 대한민국의 청소년이 시간의 문이라는 것이 있어 경복궁 비현각에서 같은 또래 친구로 서로 만난다면 과연 어떤 이야기를 하게 될까. 처음에 서로를 볼 때 머리 모양하며 옷차림하며 말투까지, 같은 것이 하나도 없으니 많이 놀랍고 당황스러울 것이다. 하지만 경복궁이 처음 지어질 때부터 지금까지 늘 그곳에서 모든 것을 지켜보았던 북악이 있지 않은가. 북악의 품 안에서 또래의 연대감으로 금세 친구가 될 수 있지 않을까.

생각해보기

'있다'와 '없다'

21세기 아이들이 동궁에 올 때 세자가 살았던 곳이니 뭔가 달라도 다를 거라는 기대감이 있는 것 같다. 친구들과 앞서거니 뒤서거니 후다닥 뛰어와 계단을 성큼 올라서서는 방을 휙 둘러본다. 이내 실망한 표정이 역력하다. 막상 들여다보니 없는 것투성이다. 세자방이 너무 작아서 실망이고, 컴퓨터도 없고, 책상도 없고, 침대도 없다. 책꽂이에 책도 없다. 세자도 이렇게 살았냐는 말투엔 불쌍히 여기는 마음마저 살짝 풍긴다. 그래서 이곳은 우리의 어머니들이 자녀들에게 확실하게 공부 다짐을 받는 장소가 되기도 한다. 세자도 이렇게 살았는데 너는 많은 것을 누리며 살고 있으니 앞으로 부모님 말씀 잘 듣고 공부를 열심히 해야 한다는 다짐을 받고야 만다. 그러나 알고 보면 조선의 세자는 조선의 평범한 아이에 비하면 많은 것을 누리고 살았다.

컴퓨터를 예로 들면 컴퓨터가 세상에 존재하지 않았던 시절이니 그것은 원래 없는 것이다. 없으니 갖지 못한 것이 아니다. 있고 없고의 구별이 소용없다. 그러나 생겨나면 있게 되고, 있고 없고의 구별이 생긴다. 이때 없으면 갖지 못한 것이거나 갖지 않은 것이다. 갖고 싶으나 갖지 못했다고 생각하면 결핍이지만, 필요하지 않아서 갖지 않은 것이라면 결핍이 아니다. 세자가 살았던 시절엔 컴퓨터라는 물건이 생겨나기 훨씬 전이니 원래 없었던 시절이다.

세자의 방엔 우리에게 없는 것들이 있다. 청소년들의 공부방에서 병풍을 볼 일은 거의 없다. 옛날에 병풍은 아주 유용한 일상용품이었다. 옮겨 다니기 간단하고, 접어서 보관하고 펼쳐 사용하기에 편하다. 보관할 때 공간도 많이 필요 없다. 지그재그로 세워 쓰기에 좋은데 접히는 폭을 조절하면 넓게도 좁게도 할 수 있다. 벽에 세워 겨울바람도 막고, 지저분하여 남에게 보이기 싫은 물건들을 뒤로 숨기기에도 좋다. 하나의 공간을 나눠 쓰고 싶을 때 병풍을 세우면 된다. 병풍은 일상의 공간을 변신시키기도 한다. 혼례식을 올리는 잔치 마당도 되고, 돌아가신 분을 추모하고 가족을 위로하는 엄숙한 장소도 된다. 이외에도 병풍은 그림을 담아 세울 수 있어서 방을 꾸미기에 좋은 도구였다. 청소년들의 방에 그림 액자 하나쯤 걸려 있다면 세자의 방엔 병풍에 그림을 걸어 세웠다.

경복궁 전각 곳곳에서 병풍 장식을 볼 수 있다. 방의 주인에 맞게 그림의 소재가 달랐다. 대나무와 바위를 그린 죽석도가 있다면 남성들이 머물던 공간이고, 매화를 그린 매화도가 있다면 여성이 머물던 공간이다.

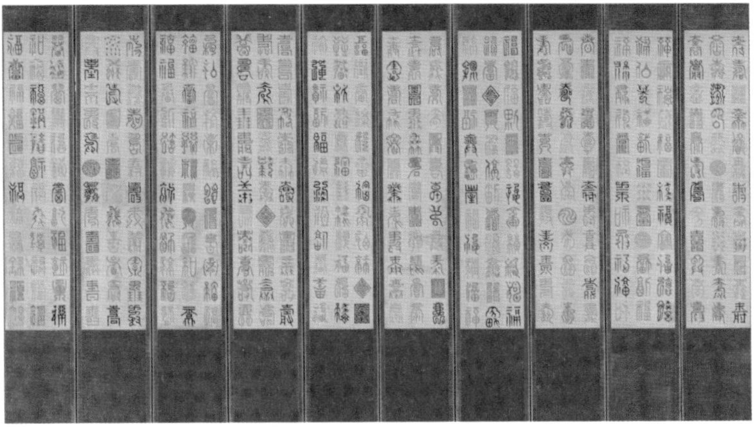
백수백복자병풍도 ©국립고궁박물관

비현각에는 문자도(또는 백수백복자병풍)와 책거리도가 있다. 백수백복자병풍은 수壽와 복福자를 백 가지 모양으로 디자인하여 병풍으로 꾸민 것이다. 복을 짓고 복을 받는 삶, 오래오래 살고 싶은 꿈을 엿볼 수 있다. 다른 한편으로 공부를 열심히 하되 창의적이고 진취적으로, 예술처럼 하라는 뜻도 있지 않았을까.

책거리도는 책이 그려진 책꽂이 그림이다. 책가도, 장서문구도라고도 한다. 처음에 왕과 세자의 거처에 펼치는 병풍으로 시작되었으나 점점 백성들 사이에 퍼졌다. 주로 책을 그렸지만, 벼루, 먹, 종이와 같은 문방사우도 있고, 책과 관련이 없는 물건들(예를 들면 술병, 주전자, 부채, 채소, 과일 등)을 그리기도 한다. 청소년들의 방 책꽂이에 책을 가득 채운 모습과 겹쳐진다. 옛날이나 지금이나 아이들이 열심히 공부해서 훌륭한 사람이 되기를 바라는 부모의 마음은 한결같다.

해보기

- 조선의 세자와 21세기 청소년이 비현각에서 또래 친구로 만났을 때, '부모', '친구', '공부', '시험'에 대해 어떤 이야기들을 하게 될까, 가상 시나리오 써보기.
- 지금의 내가 십 년 뒤의 나에게 편지 쓰기.
- 박물관에 갔을 때 옛사람들이 공부할 때 사용했던 물건들을 유심히 살펴보고 오늘날 우리의 문구류와 어떻게 연결되는지 살펴보기.
- 문구박물관을 만든다고 가정하고, 시대별 전시물 목록을 만들어보기.
- 시대에 따라 문구류의 변천 과정을 짚어보며 그 안에서 자연과 삶의 이야기들을 써보기.

제 멋대로 쓰임이 있구나

자선당 팔작지붕의 추녀가 날렵한 곳

서까래는 적당한 굵기에 길고 곧은 긴 원통 모양의 나무 부재를 부르는 이름이다. 지붕을 만들 때 도리 위에 서까래를 일정한 간격으로 걸어 지붕을 만든다. 서까래를 걸 때 일정한 간격을 유지하되 알아차릴 듯 말 듯 살짝 굽어진 정도의 변화를 주었을 때 우리네 처마의 부드러운 곡선이 생겨난다. 이때 휘어진 정도가 너무 심해서는 안 되고 굽은 정도가 약간씩 달라서 부드럽게 이어질 수 있을 정도의 나무들이 필요하다.

처마의 좌우의 끝에는 추녀를 건다. 추녀가 되려면 길이가 길고 굵은 나무여야 한다. 든든하고 듬직한 나무여야 추녀 하나를 능히 감당할 수 있다.

서까래와 추녀를 걸고 나면 지붕의 네 모서리 부분에 삼각형 모양의 공간이 생긴다. 이런 공간에 서까래를 어울리게 잘 걸어야 처마선이

서까래와 추녀, 선자서까래가 힘을 모아
우리네 지붕 처마의 부드러운 곡선을 만들었다.
모두 나무에서 태어났고 한 지붕 아래 모여 살지만
저마다 생김새도 다르고 역할도 다르다.

곱게 이어진다. 선자서까래가 힘을 써야 할 때이다. 선자서까래는 앞은 둥글게, 안쪽으로 갈수록 가늘고 길게 다듬는다. 재질이 약하면 갈라지거나 부러질 수 있기 때문에 좋은 나무가 아니면 다듬기 어렵다. 그리고 얇고 가늘게 깎기 때문에 설치하기도 매우 까다롭다.

선자서까래는 추녀의 좌우에 펼치듯이 건다. 선자서까래의 안쪽은 촘촘하게 맞닿아 있고 밖으로는 마치 부챗살을 펼친 모양이다. 선자서까래의 '선'은 한자로 '扇(부채 선)'에서 이름을 따왔다. 흔들흔들 여유롭게 줄을 타는 줄타기 명인의 손에도 들려 있고, 판소리 명창이 소리도 경쾌하게 한 번에 쫙 펼쳐드는 쥘부채를 닮았다.

서까래와 추녀, 선자서까래가 힘을 모아 우리네 지붕 처마의 부드러운 곡선을 만들었다. 모두 나무에서 태어났고 한 지붕 아래 모여 살지만 저마다 생김새도 다르고 역할도 다르다.

선자서까래가 있어야 할 곳에 추녀를 대신 쓸 수 없고 추녀가 놓일 곳에 선자서까래를 대신 쓸 수 없다. 같은 서까래이지만 보통의 서까래가 선자서까래를 대신할 수 없다. 추녀는 추녀로 쓰고 서까래들은 서까래들로 쓰고, 선자서까래는 선자서까래로 써야 제 멋이다.

오래전에 경기도 안성에 있는 청룡사의 대웅전 사진을 책에서 본 적이 있었다. 대웅전 기둥의 굵기하며 그 휘어진 정도가 정말 파격적이었다. 기둥과 기둥 사이의 벽체와 기둥 하나의 굵기가 서로 크기 자랑이라도 하는 듯 보였다. 우리네 옛 살림집이나 절, 마을에서 휘어진 나무를 그대로 기둥이나 대들보로 사용한 경우는 많았지만 청룡사 대웅전 기둥만큼 과감한 사례는 본 적이 없었다. 그해 겨울 나는 친구와 둘이서 청룡사 대웅전 기둥을 보러 갔다.

주변에서 곧은 나무들을 쉽게 구할 수 있었는데도 일부러 이렇게 만들었을까. 아마도 구할 수 있는 나무는 휘어진 나무였을 것이다. 비록 휘어졌더라도 휘어진 대로 거기서 자연스러운 멋을 발견하지 않았을까. 휘어진 나무를 이용해 집을 지으려면 아무래도 남다른 기술이 필요했을 것이다. 집은 보기 좋게 지어야 하지만 균형 있고 튼튼하게 짓는 것이 우선이다.

선조들이 먼 훗날 후손들이 이곳을 찾아올 것을 미리 내다보고 일부러 이렇게 집을 짓진 않았을 것이다. 자연스러운 아름다움을 우리 문화의 특성으로 남겨주려는 사명감에서 고생스러움을 무릅쓰고 휘어진 나무들만을 골라 집을 지었다는 것은 상식에도 어긋난다. 주변에서 곧은 나무들을 어렵지 않게 충분히 구할 수 있었다면 스스럼없이 곧은 나무들을 더 많이 사용했을 것이다.

생각해보면 자연스런 아름다움은 누군가에게 보여주기 위한 목적에서 만들어지지 않았다. 그것은 자연스럽게 드러난 삶의 결과이다. 그렇게 우리네 삶의 자연스러운 빛깔 하나가 더해졌다. 당시 문화의 정점에 있었을 경복궁에서마저 자연스러움은 숨길 수 없었다.

생각해보기

쓸모는
상호 관계에서 생긴다

설탕은 달고 소금은 짜다. 달고 짠 것은 설탕과 소금이 저마다 지닌 독특한 특성이다. 설탕이 달지만 짜지 않은 것이 설탕의 결점은 아니다. 마찬가지로 소금이 짜지만 달지 않은 것이 소금의 단점은 아니다. 휘어진 것은 곧지 않은 것이 아니며, 곧은 것은 휘어지지 않은 것이 아니다. 긴 것은 짧지 않은 것이 아니며 짧은 것은 길지 않은 것이 아니다. 단단한 것이 연하지 않은 것이 아니며, 연한 것이 단단하지 않은 것이 아니다.

곧고, 휘어지고, 짧고, 길고, 단단하고, 연한 것은 모두 상대적인 특성이다. 자연에서 특출하게 잘난 어느 것 하나가 모든 특성을 차지하는 그런 것은 없다. 세상에 존재하는 것들이 저마다 사이좋게 나누어 가진 특성이다. 결점이 아니라 특성이고, 그래서 이것은 연대와 참여, 동행, 공존을 가능하게 해준다.

세상에 존재하는 것은 저마다 생김새가 다르다. 생김새가 다르니 특성도 다르다. 그래서 저마다 자신만의 쓸모가 있다. 어쩌면 저마다 쓸모가 있어 특성이 다르고 그래서 생김새가 다르다. 쓸모가 있다는 것은 쓰임에서 한계가 있다는 것을 받아들이는 것이다. 가장 잘할 수 있는 것들이 있고 대신에 할 수 없는 것들이 있다는 뜻이다.

쓸모는 존재의 고유한 특성이다. 자신이 가장 아름답게 쓰일 수 있는 자리가 있다. 쓸모는 혼자서 자신을 드러내지 않는다. 존재가 지닌 고유한 특성을 배려하지 않고 모두 똑같아지기를 강요할 때 그리고 그 속에서 좁은 순위를 두고 다툴 때 쓸모는 빛을 거두고 무기력해진다. 사람이 획일적인 것에 집착할 때 쓸모는 자신을 드러낼 방법이 없다.

서로 다른 것들이 만났을 때 그 상호 관계 안에서 쓸모가 생겨난다. 숨어 있는 쓸모를 알아차리고 쓸모를 소중히 여겨 가장 빛나는 모습으로 드러낼 수 있는 것은 안목이며 솜씨이다.

쓸모는 자랑거리가 아니고 소비의 대상도 아니다. 서로 다른 것들의 상호관계 안에서 드러나고 함께 성장하는 아름다운 삶의 조건이다.

해보기

- 세상에 존재하는 것들을 있는 모습 그대로, 사람의 필요와 기준에 따라 쉽게 판단하지 않는 연습을 해보기.
- 내가 그동안 하찮다고 여겼던 것들에게서 아름다운 쓸모 한 가지씩 찾아주기.
- 내가 가지고 있는 것들 중에서 이제 쓰지 않는 물건들을 정리해서 우리 동네 아름다운 가게에 기부하기.

인생의 봄날이여,
힘차게 출발!

동궁의 동쪽, 이극문을 나오며

동궁은 경복궁의 동쪽에 있어서 부르는 이름이다. 동서남북 사방위 중에서 동쪽은 해가 뜨는 곳이며 계절로 치면 봄이다. 자연 만물과 함께 우리의 삶이 시작되는 곳이다. 희망과 가능성, 기대가 있다. 그래서 이곳에 세자를 위한 전각을 짓고 동궁이라고 불렀다.

동궁은 자선당과 비현각이 나란히 남쪽을 향해 있다. 자선당은 임금님의 침전인 강녕전과 가까이에 있고, 비현각은 동쪽에 있다. 자선당에서 세자와 세자빈이 함께 생활했고, 비현각에서 신하들과 나랏일을 의논했다.

두 전각 사이엔 담장이 있어서 서로 독립되어 있다. 자선당과 비현각은 각각 안마당이 하나씩 있고 가운데 마당이 하나씩 더 있다. 여기에다가 동궁의 남쪽 경계가 되는 곳에 긴 담장이 두 전각을 하나로 이으면서 바깥마당이 하나 더 생겼다.

우리가 동궁 안으로 들어가려면 제일 먼저 바깥마당을 지나야 한다. 바깥마당은 길게 통해 있지만 자선당과 비현각으로 가려면 서로 다른 문과 마당을 지나야 한다. 우리뿐 아니라 옛날에 세자도 그랬다. 신하들과 나랏일을 의논하기 위해 비현각에 갈 때, 하루 일과를 모두 마치고 자선당으로 돌아갈 때, 편전회의가 있어 사정전으로 갈 때, 왕과 왕비, 대비마마께 안부 인사를 드리러 갈 때마다 수없이 바깥마당을 오고 갔을 것이다.

궁궐의 동쪽인 동궁의 동쪽에 다시 문을 내었다. 이극문은 이 문의 이름이다. 임금이 북극성이라면 장차 왕위에 오를 세자를 두 번째 북극으로 여긴 것이다.

자연에 사계절이 있듯이 사람의 삶에도 봄, 여름, 가을, 겨울이 있다. 누구나 인생의 봄, 여름, 가을, 겨울을 지난다. 태어남과 죽음이 맞물려 생명이 완성된다. 청소년기는 인생의 사계절에서 어디쯤일까? 어린이들이 여린 봄이라면 청소년기는 찬란한 봄으로 향하는 시기이다. 인생의 봄을 맞아 저마다 제 길을 가는 중이다.

그렇다고 봄날이 늘 낭만적인 것만은 아니다. 인생의 봄을 지나려는 청소년들은 될 수 있으면 가볍게 출발하고 싶다. 호기심과 설렘조차 나쁘지 않다. 하지만 어른들은 염려스럽고 불안하다. 그래서 미리 알아서 이것저것 챙겨 어깨에 지워준 짐이 출발하기도 전에 무겁다, 해내야 할 공부가 끝없이 주어지니 지친 마음에 자신이 하고 싶었던

© youngsu

궁궐의 동쪽인 동궁의 동쪽에 다시 문을 내었다.
이극문은 이 문의 이름이다.
임금이 북극성이라면
장차 왕위에 오를 세자를 두 번째 북극으로 여긴 것이다.

공부가 무엇이었는지조차 돌아볼 여력이 없다.

오늘날 우리가 직면해 있는 지구 환경 오염, 생태계 파괴, 자연 훼손은 지금 어른으로 살고 있는 사람들의 몫이다. 어른들이 변해야 하고 힘을 합쳐 해결해야 하는 것들이다. 지금 봄을 지나는 청소년들이 배워야 하는 것은 따로 있다. 환경 오염과 생태계 파괴와 같은 문제들이 아니다. 인간과 자연이 서로에게 어떻게 연결되어 있는지, 왜 아끼고 조화롭게 살아야 하는지, 앞으로 어떤 세상을 어떻게 만들어가야 할지 구체적이고 분명한 꿈을 가질 수 있게 하는 일이다. 봄에 새로운 씨앗을 뿌려야 봄을 지나고 여름을 지나 가을에 접어들었을 때 지금과는 다른 가을을 맞이할 수 있다.

인생의 가을을 지나고 있는 어른들은 부모의 이름으로, 또는 선생님의 이름으로 자주 말한다. "환경은 미래 세대로부터 빌려온 것입니다." "후손들에게 깨끗한 자연을 물려줍시다."

자연은 빌린 물건을 돌려주듯이 언젠가 정해진 시간에 한꺼번에 후손들에게 전해질 수 있는 물건이 아니다. 자연과 가까이 살면서 자연에 대한 소중함과 사랑도 자라는 것이지 어찌 자연에 대한 사랑마저 주입할 수 있을까. 그건 사랑이 아니다.

자연의 걸음은 발랄하면서도 성급하지 않다. 진지하면서도 무겁지 않다. 한 걸음 한 걸음 나가는 그 과정이 소중하다. 여름은 봄을 재촉하지 않으며 봄은 여름을 따라잡기 위해 욕심내지 않는다. 가을이 봄을 탓하지도 않는다. 봄에 할 수 있는 것, 봄에만 할 수 있는 것, 봄에

해야 하는 것들이 있다. 봄이 있어 가을이 있고 여름을 지나 가을에 이른다. 그리고 겨울을 지나고 나서야 봄이 찾아온다. 인생의 사계절에도 자연의 걸음이 깃들어 있다.

봄을 지나고 있는 청소년들을 쉴 새 없이 채근하고 섣부르게 성장의 시간을 당기려고 하는 것은 어른들의 지나친 욕심이다. 인간은 누구나 자연의 시간을 따라 살아가지만 각자의 시간 자리는 다르며 존중받아야 한다.

자선당의 자선은 '선의 도움을 받다', '선을 바탕으로 삼는다'는 뜻이고, 비현각의 비현은 '덕을 크게 밝히기를 힘쓰라'는 뜻이다. 자선과 비현의 이름에는 자녀들이 참되고 바르게 살기를 바라는 어른들의 마음이 담겼다. 자선당과 비현각 앞에 서 본다. 지나간 봄이 있어 오늘의 봄이 와 있다. 자연이 그러하듯 인생의 봄과 또 다른 봄이 자연스럽게 이어진다.

생각해보기

현판에 새긴 뜻은

궁궐의 전각과 출입문에는 현판이 걸려 있다. 현판은 전각과 문의 이름을 나무판에 새긴 것이다. 현판의 생김새와 장식 무늬들에도 개성이 있다. 그런데 현판이 모두 한자로 되어 있다. 한자를 읽을 줄 안다고 해도 보통의 사람들이 그 방대한 유교 경전들을 알지 못하기 때문에 깊은 뜻을 풀어내기는 어렵다. 해독하기 어려운 암호 앞에서 누구는 그냥 지나치고, 그러는 중에 또 누구는 한 발 가까이 다가선다, 한자를 잘 아는 누군가와 동행한다면 옛사람들의 이야기 상자를 열어볼 수 있다.

동궁의 현판에는 어른들이 세자에게 전하는 당부와 메시지들이 가득 담겨 있다. 오늘날 부모가 자녀에게 늘 당부하는 이야기와도 통하는 점이 있을 것이다. 세자가 오고 갔을 동선을 머릿속에 그려보며 현판 앞에서 잠시 머물러 보자. 현판의 한자는 마주 보았을 때 오른쪽에서 왼쪽 방향으로 읽는다.

바깥마당에서 비현각 가는 길

이모문을 지나면 가운데 마당이 있고, 현판이 없는 문을 지나면 안마당을 지나 비현각이다. 가운데 마당의 동쪽으로 구현문이 열려 있다.

閣顯丕(비현각) 덕을 크게 밝히기를 힘쓰라

門謨貽(이모문) 선대의 교훈과 말씀을 마음에 새겨 깨치도록 힘쓰라

門賢求(구현문) 나랏일을 혼자 할 수 없으니 어진이를 구하기에 힘쓰라

바깥마당에서 자선당 가는 길

중광문을 지나면 가운데 마당이 있고, 진화문을 지나면 안마당을 지나 자선당이다. 가운데 마당의 동쪽으로 길위문이 열려 있다.

堂善資(자선당) 선을 바탕 삼으라, 착한 성품을 기르라

門化震(진화문) 세자는 늘 변화하기를 힘쓰라

門光中(중광문) 빛나는 덕을 거듭 베풀어 덕을 온 나라에 밝히라

門爲吉(길위문) 선하고 복된 행동을 하라

바깥마당의 동쪽과 서쪽

바깥마당의 동쪽에 이극문이, 서쪽으로 삼비문이 열려 있다. 삼비문을 지나 사정전 가는 길에 가로지르는 담장에 미성문이 열려 있다.

門極貳(이극문) 세자는 자신의 존재를 늘 자각하라

門備三(삼비문) 세자로서 갖추어야 할 덕을 항상 기억하라

門成美(미성문) 아름다운 덕은 한순간에 이루어지지 않는다. 한결같이 노력하라

표현해보기

- 청소년들에겐 '계몽, 훈계, 간섭'인데 어른들에겐 '사랑, 응원, 기대, 믿음'. 이 둘의 차이는 어디에서 오는지 이야기해보기.
- 학교의 복도와 계단에 쓰여 있는 메시지들이 우리에게 어떤 영향을 주는지 이야기해보기.
- 우리가 우리에게, 미래를 응원하는 힘찬 메시지들을 전해주기.

궁궐엔 뒷간이 있었다

동궁, 자선당과 비현각 사이에 뒷간

조선에는 화장실이 없었다. 아니 화장실이라는 말이 없었다. 대신에 뒷간, 칙소, 측간이 있었다. 궁궐에 많은 사람들이 살고 있었고 출입하는 사람도 많았을 테니 곳곳에 뒷간이 있었을 것이다. 경복궁에는 모두 28군데 55간의 뒷간이 있었다고 한다. 대개 전각에서 멀리 떨어진 곳에 관리들과 수비병사들, 내시, 궁녀들이 사용하는 뒷간들이 있었다. 궁궐 안 뒷간의 청소는 누가 했을까? 전연사라는 이름의 관청이 있어서 궐내 뒷간을 청소하고 관리하는 일을 맡았다.

옛날 뒷간을 엿볼 수 있는 곳이 있다. 동궁의 자선당과 비현각 사이에 외부 공간이 있는데 이곳에 전각이 하나 있다. 정면 두 간에 측면 한 간이다. 늘 잠겨 있고 아무런 설명이 없어 처음부터 이곳이 뒷간이었다는 것을 알아차리는 사람은 많지 않다. 잠긴 문이 열리는 날이 있다면 그 안의 구조를 한번 보고 싶다. 지금은 아쉬운 대로 겉에서 맴돌다 돌아서야 한다. 뒤로 가면 나무를 길게 잘라 촘촘하게 박아서 살창을 만들었다. 바람이 잘 통하게 하여 환기를 시킬 목적이었을 것이다. 아래쪽에 작은 나무 문 두 개가 있다.

이런 상상을 해보자. 어느 봄날 정기적으로 조회가 열리는 날이었다. 의관을 모두 갖추고 점잖은 표정을 지으며 문무백관들이 근정전 조정에 하나둘 모여들었다. 조정에 서서 조회가 시작되기를 기다리고 있는데 덕망 높으신 한 정승께서 아침 먹은 것이 잘못됐는지 갑자기 아랫배가 살살 아파오는 것이 아닌가. 임금께서 행차하실 시간은 다 되어 가는데 뱃속은 자꾸 요란해지니 어찌할 바를 몰라 이마에 식은땀이 송골송골 맺혔다. 참다못해 옆에 선 동료에게 귓속말로 몇 마디하고 급하게 자리를 떴다. 정승은 과연 뭐라고 말을 했을까? "내 잠시 화장실에 좀 다녀오겠네"라고 말했을까. 아닐 것이다. 그렇게 말했을 리가 없다. 아마 이런 식으로 말했을 것이다. "내 잠시 급한 일 좀 보고 오겠네." 하긴 세상에 이보다 더 급한 일은 없다.

궁궐 뒷간에 똥과 오줌이 쌓이면 어떻게 처리했을까? 농사를 짓는 사람들에게 똥과 오줌은 훌륭한 거름이었다. 도성 안에선 농사를 짓지 않았고 성 밖에 사는 사람들이 성 안에 들어와 분뇨를 퍼 나르는 일이 많았다. 도로 위를 흔들흔들거리면서 제법 먼 거리로 실어 날라야 하는 날엔 더러 도성에 분뇨를 흘리는 일도 있었다. 이런 일이 자꾸 생기다 보니 도성 안에 분뇨를 흘리는 사람은 처벌을 받는 일도 생겼다.

옛날 뒷간을 엿볼 수 있는 곳이 있다.
동궁의 자선당과 비현각 사이에 외부 공간이 있는데
이곳에 전각이 하나 있다.
처음부터 이곳이 뒷간이었다는 것을 알아차리는 사람은 많지 않다.

일부러 그런 것도 아닌데 곤장까지 맞고 절뚝이며 집으로 돌아가다 보면 억울한 생각도 들었을 것이다.

오늘날 경복궁에 갔을 때 궁궐 안에 뒷간이 있었던 위치를 알 수 있는 안내문은 없다. 가령 궁궐 뒷간 지도와 설명문 같은 것이 있으면 이곳에도 일상의 삶이 있었으며 삶의 향기 그윽한 곳이었다는 것이 좀 더 실감이 날 것이다. 밥 먹지 않고 똥 누지 않고 살 수 있는 사람이 어디 있으랴. 똥, 오줌, 거름, 분뇨, 오물, 처리, 화장실, 뒷간은 모두 우리 삶의 얼굴이다.

생각해보기

지구까지 살릴 수 있어야 진짜 아름다운 화장실이지

일을 보고 물로 씻어 내리는 간단한 구조의 수세식 구조는 이미 오래전부터 있었다. 수세식 화장실이 살림집에 보급되면서 화장실이라는 용어가 널리 사용되었다.

화장실은 아파트의 역사와 관련이 깊다. 해방 이후 우리가 지은 최초의 아파트는 1958년 서울 종암동에 세워진 종암 아파트이다. 당시에 이승만 대통령이 낙성식에 참석하여 이렇게 편리한 수세식 화장실이 있으니 현대적인 아파트라며 감격했다고 한다.

1962년 마포구 도화동에 우리나라 최초의 단지형 아파트인 마포아파트가 들어섰다. 사람들에게 수세식 화장실이 얼마나 편리한지를 알리기 위해 고심했었다는 믿기 어려운 이야기가 전해진다. 당시만 해도 수세식 화장실은 아주 이상한 물건이었다. 사람의 똥과 오줌이 얼마나 귀한 것인데 그냥

물에 씻어버릴 수 있는지 사람들은 도무지 이해할 수 없었다고 한다. 어느새 우리 주위엔 아파트 단지가 숲을 대신하고 아파트 안엔 수세식 화장실이 당연하게 자리 잡았다. 수세식 화장실은 화장실이라는 이름에 걸맞게 변신에 변신을 거듭하고 있는 중이다.

수세식 화장실에서 똥과 오줌은 한 번의 가벼운 손놀림만으로 물에 씻겨 눈앞에서 사라진다. 깨끗하고 편리하다. 그런데 지구의 물을 아껴야 하는 이 시대에 물을 낭비하고 수질을 오염시키는 길을 따라간다. 이 지구상에 살고 있는 인구는 어느새 70억 명을 넘어서고 있다. 밥을 해결하는 것만큼이나 똥을 해결하는 것도 큰 숙제가 아닐 수 없다.

현실적으로 도시 아파트에 사는 한 개인이 수세식 화장실이 아닌 다른 방식을 선택하기란 거의 불가능에 가깝다. 도시 밖에 살고 있다고 해도 밥이 똥이 되고, 똥이 다시 밥이 되는 생태계의 순환 고리를 따르기는 참으로 쉽지 않은 일이다.

사람이 살면서 집도 이야기를 갖고, 밥도 이야기를 갖고, 똥과 오줌도 이야기를 갖게 되었다. 아파트 시대를 살고 있으나 세상에 영원히 계속되는 것은 없다. 아파트 시대를 지나며 우린 또 다른 집을 소망하며 집을 짓고 살게 될 것이다. 똥과 오줌도 향긋한 고향 냄새를 풍기던 거름의 시대를 지나서, 눈살 찌푸리게 하는 오물의 시대를 지나고 있다. 하지만 여기가 끝이 아니다. 우리의 삶은 언제나 진행형이고 그 안에서 집이야기, 밥이야기, 똥이야기도 계속 이어질 것이다.

밥과 똥은 아주 구체적인 얼굴을 지녔으면서도 우리 삶을 상징하기에 이

순천 선암사 뒷간(해우소) ©문화재청

보다 더 좋을 수 없다. 밥이 몸 안에 들어와 자연과 사람을 잇는다면 똥은 몸을 빠져나가며 다시 자연과 사람을 잇는다. 사람과 자연이 서로 순환하는 길목에 밥과 똥이 있다. 부끄럽거나 숨기고 싶거나 폐기해야 할 것은 눈에 보이는 것이 아니다.

아파트의 시대, 오물의 시대 안에 살고 있다고 해도 지구 생태계가 짊어져야 하는 부담을 최소한으로 줄일 수 있는 방법을 찾는 노력을 게을리해선 안 된다. 우리 주변에서 작은 변화들이 이미 시작되었다. 태양전지를 이용해 통풍이 되는 자연발효 화장실이 생겼고, 대변과 소변을 구분하여 물을 다르게 사용할 수 있는 밸브 장치도 등장했다. 세면대에서 쓰고 버린 물을 변기 내리는 물로 다시 이용할 수 있는 장치도 개발되었다. 처음에 등장했을 때 기능은 뛰어나지만 투박해서 외면당하곤 했던 절수 장치들이 모양까지 예쁘게 변신 중이다. 장소에 따라 물을 전혀 사용하지 않고 공기압축을 이용해 처리하는 화장실도 자주 만난다. 실험 단계를 지나 삶의 장소에 성큼 들어선 장치들도 제법 많아지고 있다. 사람들이 편리하고 기분 좋게 사용할 수 있으면서 지구도 살릴 수 있는 생태적 특성을 갖추어야 진짜 아름다운 화장실이라고 할 만하다.

해보기

- 우리 주변에서 '가장 아름다운 화장실'로 뽑힌 화장실들의 특성을 살펴보기.
- 사람에게 아름다운 화장실이 지구를 살리는 일에도 아름다운 화장실인지 탐색해보기.
- 이미 세상에 태어났으나 아직 우리가 몰랐던 '지구를 살리는 아름다운 화장실'은 어떤 모습인지 찾아서 발표해보기.

12장

북악

자연과 사람이 함께 사는 길을 고민하다

건춘문 곁, 아름드리 은행나무가 있는 곳

경복궁의 동쪽, 건춘문 근처에 아름드리 은행나무 한 그루가 있다. 땅이 신겨준 신발 한 켤레 신고 늘 그 자리를 지킨다. 봄이 되면 은행나무 가지에 연녹색의 둥근 구슬 상자들이 솟아난다. 구슬 상자가 열리고 새 잎들이 고개를 내미는데 그 모습이 참 앙증맞다. 여름에는 어느새 잎이 무성해져 시원한 그늘을 만들고, 가을엔 은행잎이 노랗게 물드는데 우아하기가 그지없다. 겨울이 다가오면 은행나무는 아무 미련도 없다는 듯이 잎을 모두 떨군다. 바람이 불어와 은행나무의 일을 돕는다. 나무에게 겨울은 뿌리로 돌아가 생명이 깊어지는 계절이다. 내면의 힘을 길러 또 다시 새 봄을 일으켜 세운다. 봄, 여름, 가을, 겨울이 마치 사이좋은 한 팀처럼 움직이며 릴레이 경주를 즐기듯 쉼 없이 우리를 찾아오는 것을 어찌 당연하다고만 할까. 아마도 그것은 자연이 공들여 해내는 축제일 것이다.

사람은 자신이 살고 있는 세계에 호기심이 많은 존재이다. 우주, 하늘, 땅, 인간, 생명이 있는 존재들에게까지 닿고 싶었던 사람들은 과학을 태어나게 했다. 자연을 탐구하고 인간을 탐구하고 사회를 탐구하는 일은 지금껏 계속되고 있다. 자연 안에 태어난 인간이 자연을 탐구하는 일, 인간으로 태어났으니 인간 존재를 탐구하는 일, 사람이 사람과 어울려 살아가니 사회를 탐구하는 일은 모두 하나로 모아진다. 우리가 자연과 멀어지면서 자연과학, 인문과학, 사회과학도 서로 멀어져 남남처럼 되어버렸다.

조선 시대 유가 사상과 도가 사상에는 옛사람들이 자신들이 살고 있는 세계를 탐구하여 알게 된 과학적 지식들, 세계 안에 살고 있는 인간의 존재에 대한 탐구, 인간 삶의 실천 지혜들로 가득하다. 옛사람들에게 세계는 자연이었다.

유가와 도가의 출발점은 다르지 않았다. 인간은 자연의 일부이다. 전체와 부분의 관계처럼 상호 관계 안에 있는 일부이다. 인간은 누구나 자연스러운 본성이 있고, 인간이라면 모름지기 자연과 조화롭게 살아야 한다고 가르치고 배웠다. 그러나 어떻게 사는 것이 자연과 조화롭게 살아가는 것인지, 구체적인 실천 방법을 두고 유가와 도가의 선택은 전혀 달랐다.

도가는 인간이 자기 안에 있는 자연성을 스스로 발견하고 그에 따라 살아가는 삶을 지향한다. 도가의 실천은 자연으로 돌아가는 삶이

건춘문 근처 아름드리 은행나무 ©지숲

경복궁의 동쪽, 건춘문 근처에 아름드리 은행나무 한 그루가 있다.
여름에는 어느새 잎이 무성해져 시원한 그늘을 만들고,
가을엔 은행잎이 노랗게 물드는데 우아하기가 그지없다.

었다. 자연으로 돌아간다고 해서 단순히 물리적인 장소를 옮기는 것이 아니었다. 문명을 거부하거나 현실에서 도피하려는 것도 아니다. 인간이 자신의 욕망을 절제하며 단순하고 소박하게 살고자 했다. 자연의 품으로 돌아가되 적극적인 회귀를 꿈꾸었다.

한편 조선 유학자들의 자연 공부는 치열하고 합리적이었다. 자연에는 어떤 이치와 질서가 있는데 그것이 과연 무엇인지, 자연 안에서 인간은 어떤 존재이며, 인간이 자연의 질서에 따라 조화롭게 산다는 것은 어떻게 사는 것인지, 자연과 조화로운 인간의 삶을 현실에서 어떻게 펼칠 수 있을지를 큰 공부로 삼았다. 마침내 유학자들은 자연에서 어떤 질서와 법칙들을 찾아냈고 그렇게 알게 된 것들을 사람이 살아가는 규범과 도덕의 기준으로 삼았다.

유가의 자연은 있는 그대로의 자연 그 자체가 아니다. 사람에 의해 의인화된 자연이었고 무엇보다 도덕적인 얼굴을 갖추었다.

유학자들은 사람이 도덕적인 존재가 되고, 현실 세계에 도덕적인 사회를 구축하고자 하는 원대한 이상이 있었다. 도덕 군자는 도덕적으로 완성된 사람을 부르는 이름이다. 유학자들이 공부하는 목적이자 꿈이었다. 선비는 유가라는 나무에서 자란 열매였다.

유가에서 볼 때 도가의 실천은 현실을 변화시키려는 적극적인 의지가 너무 부족했다. 한편 도가에서 볼 때 유가의 실천은 너무나 인위적이어서 인간의 자연스러운 본성이 뒤틀리고 오히려 파괴될 수 있었다.

경복궁에는 조선이라는 나라가 첫발을 내디디면서 품었던 이상과 포부가 표현되어 있다. 겉으로는 유가 사상을 크게 내세웠으나 밑바탕에는 도가의 자연 사상이 늘 함께하고 있다. 도가에선 자연을 크게 파괴하거나 변경하지 않았다. 자연경사가 살아 있고, 높은 곳에서 낮은 곳으로 흐르는 물의 본성을 거스르지 않았다. 전통 정원에서 분수는 찾아보기 어렵다. 자연스러운 돌이 모셔져 있고 경회루 연못 안에 선경 세계를 꾸몄다. 경복궁에서는 있는 그대로의 자연을 느낄 수 있고 자연과 궁궐이 자연스럽게 어울린 풍경마다 도가의 숨결을 느낄 수 있다.

한편 유가의 얼굴은 전각들의 구조와 배치, 현판의 이름들, 출입하는 작은 문에까지 세심하게 지은 이름에서 선명하게 드러난다. 자연의 질서 위에 인간의 질서를 자연스럽게 앉혀 자연과 인간이 합일된 세상을 세우고자 했던 꿈, 현실적이고 구체적인 모습으로 삶의 질서를 구축하려 했던 적극적인 의지가 드러난다.

도가와 유가는 가는 길은 달랐으나 자연과 인간이 하나 되어 살고자 했던 뜻은 같았다. 자연을 인간에게 억지로 맞추려고 하지 않았고 인간의 삶을 자연과 합치하고자 했다. 인간이 자연의 일부라는 것을 깨닫는 것만큼이나 그러한 삶을 현실로 세우기 위해 적극적으로 노력했다. 유가와 도가의 자연 공부는 서로 충돌하지 않으면서 전혀 다른 방식으로 경복궁의 얼굴을 더욱 자연스럽고 풍성하게 만들었다.

생각해보기

자연 공부는 삶 공부다

깨끗함, 쾌적함, 순수함 등이 자연의 이미지로 지나치게 과장되어 광고 마케팅의 인기 단골메뉴가 되었다. 자연을 닮았고 자연과 가깝고 자연을 가득 담았다며 일상용품에서부터 아파트, 나아가 도시 전체가 광고된다. 하나같이 자연과 인간의 조화를 내세우는데 속내를 들여다보면 전혀 자연과 친하지 않다. 그 속에서는 우리가 자연과 함께 살아야 하는 이유, 그렇게 살고 싶어 하는 속 깊은 이유, 자연의 질서를 거스르지 않고 조화롭게 살아가는 법이 잘 보이지 않는다.

그러나 시대가 달라졌다고는 해도, 우리는 여전히 변하지 않는 꿈을 꾼다. 자연과 사람이 함께, 사람과 사람이 사이좋게 살아가는 나라, 사회, 가정을 꿈꾼다. 경제적인 가치를 매길 수 없기에 보잘것없다고 하는 사람들이 많지만 그래서 더욱 소중하고, 사람이라면 응당 지켜야 할 가치가 있다

고 믿는 사람들이 여전히 많다. 학교 안에선 성적으로, 학교 밖에선 돈으로 서열을 매겨 숨 막히게 경쟁을 부추기는 현실 속에서도 변함없이 공동의 선을 이야기하고 추구하려는 마음이 우리 안에 있다. 당연한 일이다. 여전히 우리는 자연에 기대어 살고, 사람으로 살아가고, 사람과 사람이 어울려 살아가고, 사람살이의 근본은 크게 달라지지 않았으니까.

오늘날 우리의 행위를 규제하는 힘은 무엇일까? 무서운 벌을 피하고 싶어서일까? 달콤한 보상을 받고 싶어서일까? 어떤 행위를 했을 때 나에게 돌아오는 경제적인 손실 때문일까? 사회적인 합의를 따르거나 일상적으로 받아들여지는 상식에 의한 것일까? 아니면 사람이라면 당연히 그래야 한다거나 그래서는 안 된다고 하는 도덕적인 판단에 의한 것인가? 그렇게 행동하지 못했을 때 자신도 모르게 부끄러움을 느끼기 때문일까?

지구, 자연, 생태계, 환경에 대한 관심이 등장하면서부터 지금까지 우리 눈과 귓가를 떠나지 않는 실천 항목들이 있다. 실천하며 살아야 한다고 목소리를 높이고 그렇게 살고 싶다고 말하는 우리들의 다짐은 어디에 그 뿌리를 내리고 있을까? 습관적으로 반복하면서도 삶에 아무런 변화가 없다면, 한편 보기엔 그저 작은 실천이지만 삶의 변화들을 키워내고 있다면 그것은 모두 우리들의 행위가 어디에서부터 시작되고 있는지를 살피면 되는 일이다.

이야기해보기

- 건춘문 근처에 이 은행나무는 수그루인지, 암그루인지 알아맞히기.
- 우리들의 지구 사랑법, 자연 사랑법 돌아보기.
- 자연을 위한다고 했는데 알고 보니 자연을 단순히 이용하고 오히려 파괴하고 있는 경우는 없는지 찾아보기.
- '무조건 열심히 하는 것'보다 '할 수 있으나 기꺼이 하지 않을 수 있는 것'이 때로는 용기이며 사랑이라는 것에 대해 이야기해보기.

비어 있는 곳이 명당이란다

다시 근정전 조정에 서서

북악산의 산줄기가 차츰차츰 완만해지면서 산의 생기가 마지막 걸음을 멈춘 곳, 그곳이 지금 근정전이 있는 자리이다. 산의 생기가 멈춰 모여 있는 곳을 풍수에선 혈, 그리고 혈 앞에 펼쳐진 자리를 명당이라고 부른다. 이렇게 보면 로또 명당이라는 말은 틀렸다. 명당이 마치 사람들의 재산을 늘려주는 놀라운 기운이 있는 장소라고 착각하게 하니까 말이다. 명당은 이름 있는 곳이 아니라 밝은 곳이라는 뜻이다. 명당은 원래 비어 있는 곳이어서 사람이 살면서 그 쓰임이 가장 많은 곳이다.

근정전은 그 앞에 활짝 펼쳐진 앞마당과 함께 보아야 진가가 드러난다. 근정전 앞에 조정이 없었다면 궁궐이 참 답답하게 느껴졌을 것이다.

©문화재청

근정전은 그 앞에 활짝 펼쳐진
앞마당과 함께 보아야 진가가 드러난다.
산을 기대고 건물을 앉히고 그 앞에 밝고 환하게 열린 마당을 열었다.
채울 수 있는 빈 마당이 있어 삶은 더욱 넓고 깊어졌다.

궁궐에서 조정이 명당이라면 옛 살림집에선 마당이 명당이라고 할 수 있다. 옛 마을마다 그 마을을 대표하는 산이 하나쯤 있다. 살림집을 지을 때 산의 위치와 생김새를 살펴 집터를 앉혔다. 풍수를 살펴 혈 자리에 집을 짓고 그 앞엔 마당을 가꾸었다.

"애들아, 마당에 나가 놀아라." 마당은 아이들에게 놀이터였다. 어른들의 눈길이 머무는 곳에 있으면서도 간섭을 피할 수 있는 안전하고 즐거운 놀이터. 햇볕 좋은 날엔 빨래를 널어 말리고, 가을걷이가 한창일 때는 요긴한 작업장이었다. 더운 여름날에 마당에 물을 뿌리면 열기가 누그러져 한결 시원해졌다. 옛사람들은 마당 없는 집을 상상도 하지 않았을 것이다. 마당 한 켠엔 대개 작은 꽃밭이 있어서 봉숭아, 분꽃나무, 채송화, 맨드라미, 꽈리, 국화꽃 몇 포기쯤 심어져 있었다. 담장 밑에는 심지도 않았는데 꽃다지, 제비꽃, 민들레가 소리 없이 피어 봄을 알려주었다.

삼각산 화계사, 지리산 화엄사, 계룡산 송광사처럼 절도 산과 늘 붙어다닌다. 대웅전 뒤로는 산이 있고, 앞으로 절 앞마당이 부처님의 품처럼 넓게 열려 있다. 궁궐, 사찰, 옛 살림집, 서원, 향교, 그리고 지금 우리의 학교는 참 많이 다르다. 시대도, 세워진 뜻도, 그 안에 사는 사람도 다르다. 그럼에도 불구하고 같은 것이 반복되어온 것도 있다. 산을 기대고 건물을 앉히고 그 앞에 밝고 환하게 열린 마당을 열었다. 채울 수 있는 빈 마당이 있어 삶은 더욱 넓고 깊어졌다.

지구 어디쯤, 경복궁 © 지숲

우리가 지구에 살고 있는 한
언제 어디서나 지구 위의 한 좌표에 있다.
독립적이지만 고립되지 않았다.
세상에 존재하는 것들이
서로 연결되어 있다는 것을 마음으로 느낄 때
누구나 더욱 크고 넓은 세상을 만난다.

생각해보기

구름 낙하산 타고 백두산 그 너머까지

근정전 앞마당에서 신발 끈을 질끈 고쳐 묶고 한 발 한 발 내디뎌 우린 백두산까지, 때로 그 너머까지 갈 수 있다. 여기에서 거기까지 얼마나 먼지, 편리한 자동차와 비행기를 두고 왜 굳이 걸어가야 하는지 눈치코치 없이 물고 늘어지는 사람이 있다면 할 말이 없다. 물리적으로 먼 거리가 분명하니 걸어가려면 엄청 시간이 많이 걸릴 것이고, 사람이 정한 국경 앞에서 어쩔 수 없이 멈춰서야 할 것이다. 하지만 거리와 국경의 장벽을 따지지 않는다면, 또 지구 땅이 펼쳐진 넓고 큰 그림을 마음에 한가득 품을 수 있다면 멋진 여행이 될 것이다. 이제 눈을 감고 상상의 나래를 펼쳐보자. 세상에서 가장 좁은 것이 사람 마음이지만 가장 넓은 것도 마음이 아닌가. 마음속에 지구를 온전히 품어보자. 자신이 지금 하늘 저 끝에서 구름 낙하산을 타고 둥실둥실 천천히 땅으로 내려오는 중이라고 상상을 해보자. 발아

래 저만치 지구의 육지와 바다가 한눈에 들어오고, 동아시아 땅이 보이고, 우리나라 땅이 보인다. 백두산이 늠름한 자태로 서 있다. 민족의 영산이라고 부르기에 모자람이 없다. 백두산에서 지리산까지 백두대간이 힘차게 길을 달리며 여러 정맥을 낳았다. 그중에 하나가 한강의 북쪽으로 길게 산줄기를 뻗었다. 이 산줄기를 따라 도봉산, 삼각산(북한산), 북악산이 이어 솟았다.

북악의 산줄기가 호흡을 고르며 부드럽게 뻗어내리는 그 길을 따라가니 사람들이 지은 아담한 궁궐이 눈앞에 들어온다. 북쪽 담장을 넘어, 향원지를 지나, 교태전, 강녕전, 사정전을 차례차례 지난다. 산의 생기가 더 이상 달리기를 멈춘 곳에 열린 공간이 있어 그곳에 사뿐히 내려서면 눈앞에 근정전이 정중하게 우릴 맞이한다. 언젠가 두 발로 걸어서도 갈 수 있지 않을까. 근정전 앞에서 우린 백두산, 그리고 백두산 너머 지구의 산들에게 닿을 수 있다.

우리가 지구에 살고 있는 한 언제 어디서나 지구 위의 한 좌표에 있다. 독립적이지만 고립되지 않았다. 세상에 존재하는 것들이 서로 연결되어 있다는 것을 마음으로 느낄 때 누구나 더욱 크고 넓은 세상을 만난다.

상상해보기

- 조정에 서서 북악산을 넘어 삼각산, 백두대간을 타고 백두산 그 너머 지구의 산과 만나는 꿈꾸기.
- 나를 즐겁게, 숨을 쉴 수 있게 하는 삶의 여백이 있는지, 그것이 무엇인지에 대해 이야기해보기.
- 자연이 만든 경계선, 사람이 만든 경계선의 차이에 대해 이야기해보기.
- 하나의 지구를 기억하라. 수많은 나라, 서로 다른 문화를 가진 사람들, 그 속에서 차이는 인정하면서도 지구인으로서 최소한 공유해야 할 삶의 원칙들을 세워보기.

우리는 가고,
물길은 못 가네

다시 영제교를 건너며

근정전을 나와 영제교까지 건너면 거의 경복궁을 빠져나왔다는 느낌이 든다. 영제교를 건너오면 들어왔을 때처럼 어구 지킴이 천록과 헤어짐의 인사를 나누는 것도 좋다. 인사를 하려고 돌아서서 천록과 눈을 맞추면 처음 만났을 때의 장난스러움은 다 어디가고 뭔가 아쉬운 듯한 표정을 짓는다. 천록과 헤어지기 섭섭해서 영제교 근처를 잠시 서성거리다 보면 새삼스레 수로가 눈에 들어온다.

수로는 어디에서 와서 어디까지 이어져 있을까. 그것이 알고 싶으면 흥례문을 나와서 담장의 동쪽으로, 다시 담장의 서쪽으로 걸어가서 두 눈으로 보면 된다. 수로는 담장의 양쪽에서 모두 끊겨 있다. 그래서 오늘날 영제교 아래의 수로는 긴 직사각형의 화강암 그릇처럼 되어 버렸고 비가 오지 않는 날에 수로는 늘 바닥을 드러낸다.

흥례문 담장 서쪽에서 끊어진 수로는 경회루의 서쪽에 오면 다시 볼 수 있다. 이곳의 수로는 제법 넓고, 줄기 굵은 버드나무들이 여러 그루 자란다. 버드나무 줄기가 아래로 축축 늘어졌는데 그 모습이 연둣빛 커튼을 쳐놓은 것 같다. 가끔씩 자연 커튼 뒤로 흰뺨검둥오리떼들이 모여 있는 것을 볼 수 있다. 인기척을 느끼면 순식간에 파드닥 날아올라 경회루 연못으로 자리를 옮겨버린다. 일부러 그런 것도 아닌데 괜히 미안해진다.

수로는 북쪽을 향해 쭉 뻗었다가 방향을 틀어 경회루의 등을 감싸 안듯이 지난다. 그리고 다시 방향을 틀어 북악을 향해 일직선으로 달린다. 가는 길에 가로지르는 담장 하나를 만나지만 그 아래 수로가 있어 멈추지 않고 계속 이어진다. 수로는 함경당과 집경당의 서쪽과 향원지의 서쪽을 하나로 잇듯이 남북으로 쭉 뻗었는데 그곳을 지나 궁궐의 북쪽 담장 아래로 빠져나간다.

경복궁의 평면배치도인 북궐도형에서 이 수로를 찾아보면 옛날 수로의 위치와 오늘날 남아 있는 수로의 위치를 비교해볼 수 있다. 수로의 어디가 끊어져 있는지, 처음엔 어떻게 이어져 있었는지, 찬찬히 수로가 지나는 길을 짚다 보면 어느새 머릿속에 궁궐의 물길 그림 하나가 그려진다.

지금까지의 이야기는 영제교가 있는 곳에서부터 수로를 짚어가다 보니 거꾸로 거슬러 올라간 셈이다. 물은 높은 곳에서 낮은 곳으로 흐른다. 궁궐 안에서 물은 자연경사를 따라 흐를 뿐 수로를 거슬러 오르

수로의 어디가 끊어져 있는지,
처음엔 어떻게 이어져 있었는지
찬찬히 수로가 지나는 길을 짚다 보면
어느새 머릿속에 궁궐의 물길 그림 하나가 그려진다.

지 않는다.

이제 다시 물의 입장에서 물이 수로를 따라가는 길을 머릿속으로 그려보자. 경복궁의 북쪽 담장 아래로 수로가 있어 물이 궁궐 안으로 들어온다. 물은 향원지와 함화당·집경당의 서쪽을 하나로 잇는 긴 수로를 달리다가 가로지른 담장 아래를 지나고 방향을 틀어 경회루의 북쪽을 감싸듯이 흐른다. 경회루의 양어깨를 어루만지듯 지나 다시 방향을 틀어 남쪽으로 힘차게 흐른다. 그리고 그곳에서 더 이상 흐르지 못한다. 물은 갇혔고 수로도 보이지 않는다.

옛날에 이 물길은 이곳에 발이 묶여 있지 않았다. 경복궁의 서쪽문인 영추문 앞을 지나고 궐 안에 관청들이 모여 있던 장소(궐내각사)를 지나서 흥례문 서쪽 담장 아래로 흘렀다.

멋진 영제교가 가로놓였으나 끊어진 수로는 물길의 기능을 제대로 할 수가 없다. 영제교 근처를 떠날 수 없는 천록과 헤어지는 인사를 나누고 이제 그곳을 떠난다. 우리는 가고 물길은 남았다. 언젠가 궁궐의 수로들이 원래의 모습을 찾게 되는 날도 오지 않을까.

생각해보기

자연과 사람이 만났을 때

- 간섭과 파괴, 조화의 차이

예나 지금이나 사람이 살아가려면 물이 꼭 필요하다. 그런데 사람은 물을 만들 수 없고 지구의 물을 이용해야 한다. 사람이 살아가기 위해서 지구의 물을 이용할 수밖에 없는 조건에서 어디서부터 어디까지가 간섭이며 파괴일까? 지구의 물과 삶의 관계가 가히 조화롭다고 말할 수 있으려면 과연 그 기준은 무엇일까? 사람이 물을 이용하는 것 자체가 잘못은 아니지만 무슨 목적으로, 얼마나 사용하는지, 어떻게 사용하는지, 쓰임이 다 하고 난 뒤 물의 모습이 어떠한지에 대한 책임은 있다.

산줄기와 물줄기는 사이좋은 짝꿍이다. 산은 물의 고향이며 물이 흐르는 출발점이 되어준다. 산과 물이 함께 있어 사람이 살아가는 데 필요한 것들을 내어주는 곳, 사람이 그 혜택을 받아 행복하게 살 수 있는 곳에 삶터를 앉힌다. 산과 물, 사람이 함께하는 삶은 철학이나 사상의 힘이라기보다는 사람이 살면서 오랜 경험으로 터득한 지혜에 가깝다.

조선의 경복궁 프로젝트는 처음부터 지구의 산山, 물水, 사람人의 상호 관계가 바탕이 되었다. 궁궐의 물길 이야기를 좀 더 해보자.

경복궁에는 열상진원이 있고 향원지와 경회루 연못, 임금님의 우물인 어정이 있다. 그리고 영제교 아래 수로는 일부러 동서로 가로질러놓았고 그래서 물이 서쪽에서 동쪽으로 흐르도록 만들었다. 모두 사람이 인공적으로 만든 것이다. 인공 구조물이지만 물을 함부로 다루고 파괴했다고 비판받는 일은 없다.

열상진원은 창건 당시부터 있었던 샘이다. 경복궁 뒤를 지키는 북악산에서 물이 흘러 내려온다. 고종 임금 때 건청궁을 지으면서 향원지 연못을 파고 향원정을 지었다. 취향교는 연못을 가로지르는 다리인데 원래는 건청궁 쪽으로 연결되어 있었다. 향원정엔 온돌도 있었다. 열상진원의 등 뒤로 메주 덩어리만 한 돌들을 차곡차곡 야무지게 쌓았다. 샘이 가까운 쪽에 향원지의 가장자리가 열려 있다. 이곳에 서면 연못의 정취를 좀더 가까이 느낄 수 있다.

전통적으로 연못을 꾸미는 방법은 매우 다양했다. 향원지는 물이 천천히 조용하게 연못으로 흘러 들어가게 만들었다. 연못 위에 드리워진 자연의 풍광이 흐트러지지 않아 좋다. 원과 사각형으로 멋진 구조물을 만들었는데 북악의 차가운 물이 돌아 돌아 흐르게 하여 수온차를 줄이는 효과뿐 아니라 보기에도 세련된 멋이 있다. 사람이 땅에 물을 담아 향원지라고 이름 짓고 정자를 만들어 자연을 즐겼으나 물을 가두진 않았다.

향원지와 함화당·집경당의 서쪽에서 수로가 남북으로 길게 달리다가 가로지르는 담장을 만나는 곳이 있다. 주변 지역이 복원되기 전에 이곳에 올 때마다 전남 담양 소쇄원의 오곡문이 자연스럽게 떠올랐다. 소쇄원의 오곡문은 담장의 이름이다. 뒷산에서 흘러내려온 물이 소쇄원 안으로 들어오는 곳에 가로지르는 담장이 있는데 자연 돌을 이용해 돌탑을 쌓듯이 두 줄로 쌓아올려 담장이 얹혀졌다. 물이 담장 아래를 흘러들어와 다섯 번을 굽이쳐 흐른다고 하여 오곡문이 되었다. 궁궐 안 수로와 담장이 자연스러웠고 수로 위에는 옛 시골 마을에서 흔히 볼 수 있을 법한 넓적한 돌이 천연덕스럽게 놓여 있었다.

몇 년 전에 함화당·집경당 영역과 태원전 영역에 대한 대대적인 복원 공사가 진행되어 담장이 말끔해졌고 수로가 넓어졌다. 수로가 넓어진 만큼 돌다리도 새로 놓였다. 함화당의 담장 서쪽 진덕문 앞에 있는 돌다리 어디에도 옛 흔적은 없다. 다리를 받치는 네 개의 받침돌 중에 하나만이 옛 모습을 아직 품고 있다. 수로를 넓히면서 측면을 쌓은 돌도 많이 달라졌다. 수로를 따라 나무가 있는 곳마다 발길이 멈춰진다. 동글동글하고 세월의 흔적이 잔뜩 묻어나는 돌들과 갓 태어난 것이 분명한 길고 반듯반듯하게 다듬은 장대석들이 한 곳에 있다. 수로에 흘러내릴 듯 불안한 나무의 뿌리를 감싸는데, 둘의 모습이 묘한 대비를 불러일으킨다.

향원지와 경회루 연못은 인공 연못이면서 또한 자연의 선물이다. 자연을 거스르지 않으면서도 매우 인간적이다. 향원지가 사적인 장소라면 경회루는 공식적인 장소였다. 향원지는 아기자기하고 경회루는 힘차고 듬직하다.

향원지의 물은 사람이 내준 땅속 물길을 따라 경회루 연못을 찾아와 연못에서 함께 노닐 수 있었다.

우물은 사람이 지하수를 뽑아 올려 생활에 필요한 물을 얻었던 방법이다. 백성들의 경우 대개 한 마을에 한두 개의 우물이 있어 공동으로 사용했고 부유한 집의 경우 개인 우물을 갖기도 했다. 궁궐 안에도 수맥이 풍부히 흐르는 곳에 크고 작은 우물들이 곳곳에 있었다. 임금님이 사용하시던 우물을 어정이라고 부른다. 세숫물뿐 아니라 드시거나 수라를 준비할 때 이 물을 사용했다. 응지당 근처의 우물은 옛날에 멋진 우물 지붕이 있었을 법한 흔적들이 남아 있다. 궁궐에서 지하수가 고갈되었다거나 지나치게 뽑아 써서 지반이 침하되었다는 이야기는 들은 적이 없다. 삶의 규모와 사용한 물의 양과 쓰임, 우물의 상호 관계가 유지되었기 때문이리라.

이제 영제교 아래 수로가 지금처럼 동서로 놓이게 된 이야기를 해보자. 풍수에서 산은 생기를 갖고 있고, 생명력을 품은 산의 생기는 삶에 영향을 미친다. 다행히 산의 생기는 물을 건너지 못한다. 물이 있으면 생명력 넘치는 기운을 가둘 수 있다. 게다가 그 물은 서쪽에서 들어와서 동쪽으로 흘러나가는 것이 좋다. 그래서 옛사람들은 경복궁을 지을 때 물길을 내고 일부러 서쪽에서 동쪽으로 흐를 수 있게 만들었다.

영제교를 건너 궁궐 안으로 들어가고, 영제교를 다시 건너 궁궐 밖으로 나오지만 영제교는 그저 잘 만든 돌다리만은 아니었다. 알고 보면 영제교의 이쪽과 저쪽은 서로 다른 세상이었다. 서쪽에서 들어와 영제교 아래를 지나 동쪽으로 흐르던 옛 물길은 궁궐을 빠져나와 청계천을 만나 한몸이 되었다. 동대문의 오간수문을 지나고 중랑천과 만나서 한강이라는 새 이름을 얻어 서해 바다를 향해 흘렀다. 서울 청계천의 시작은 청계 광장이 아니었다.

해보기

- 흥례문 동쪽에서부터 출발해서 눈에 보이는 물길을 따라 천천히 걸어보기.
- 열상진원 가까이에서 화강암 구조물에 나뭇잎을 띄워보기. 연못으로 들어가는 과정을 관찰해보기.
- 마당에 우물과 두레박이 있던 기억, 펌프와 마중물의 추억, 수도꼭지가 있는 집의 일상에 대해 어른들과 함께 이야기해보기.
- 지금 우리 집 안의 물은 어디에서 와서 어디로 가는지 꼼꼼하게 살펴보기.
- 산들바람이 살랑살랑 부는 날에 흥례문의 담장 동쪽에서부터 청계 광장을 지나 청계천이 중랑천과 만나는 지점까지 물길 따라 걸어보기(단 제법 먼 길이니 무리는 하지 말 것).

지구에 대한 예의를 생각하네

흥례문을 나오며

경복궁의 흥례문과 성곽의 숭례문은 공통점이 있다. 둘 다 남쪽에 있고 이름 안에 예禮라는 글자가 있다. 음양오행에 따르면, 방위로 남쪽은 오행은 화火, 계절은 여름, 색은 붉은 색, 사람의 몸은 심장에 대응한다. 옛사람들은 오행을 사람으로서 지켜야 할 도덕과도 연결 지었다. 인-의-예-지-신을 오상이라고 하는데 이 중에서 남쪽, 여름, 붉은 색, 화기, 심장은 예와 상호 관계를 이룬다.

여름, 화기, 예, 흥례문에는 어떤 이야기가 있을까. 우리나라 기후는 사계절이 있어 봄-여름-가을-겨울을 따라 순환한다. 소라 껍질처럼 순환하면서 나아간다. 해마다 봄을 맞이하지만 언제나 새로운 봄이다. 봄과 여름이 성장의 계절이라면 가을과 겨울은 성숙의 계절이다. 봄에 새싹이 돋아나고 여름에 무성하게 자라며 가을에 열매를 맺고 겨

©youngsu

이제 지구 자연 앞에서 인간으로서의 예를 돌아보고
예를 지키며 사는 삶에 대해 돌아볼 시간이다.
이것이 자연과 인간이 '예'로서 관계를 회복하는 일이며
사람과 사람이 '예'로서 상처받은 관계들을 치유하는 일이다.

울엔 다시 숨어 새 봄을 준비한다. 일 년 중에서 특히 여름은 만물이 서로 경쟁을 통해 맘껏 성장하는 계절이다. 그러나 여름도 시작이 있듯이 끝이 있다. 여름의 성장은 주춤해지고 가을날 성숙의 시기를 맞이한다.

자연에서 끝없이 성장하는 것은 없다. 여름이 '몸을 키우는' 성장이라면 가을은 '결실을 맺는' 성장이다. 자연에서는 양적으로 성장하는 과정과 질적으로 성숙하는 과정이 맞물려 있다. 그래서 자연의 성장은 직선이 아니라 나무의 나이테 모양이다.

사람이 자연에 속해 있으니 자연의 특성을 지닌다. 우리는 누구나 성장기를 거친다. 키가 자라고 몸무게가 무거워지는 시기가 있다. 그러나 어느 시기를 지나면 키와 몸무게는 안정된 단계에 접어든다. 키와 몸무게는 몸의 성장을 멈추지만 대신 또 다른 성장기를 맞는다. 마음의 성장이다. 스스로 성장하는 힘을 지니고 사는 사람들은 세상을 바라보고 이해하는 안목이 자라고 삶의 경험들을 통해 다듬어져 지혜로워진다. 몸의 성장에는 한계가 있지만 마음의 성장에는 한계가 없다. 사람도 다른 지구 생명들처럼 자연의 성장 법칙 안에 있다. 사람이 그러하니 사람이 살아가는 일도 자연의 법칙 안에 있다.

그런데 사람은 세상엔 자연의 성장 법칙을 벗어난 그 무엇이 있다는 생각을 놓지 못한다. 지속적인 성장을 이야기하면서 양적인 성장에 지나치게 집착한다. 직선을 그리며 끝없이 나아가는 성장을 꿈꾼다. 자연 안에서 물질적으로 풍요로워지는 것은 한계가 있다. 인간의 기술이 부족하거나 게으르기 때문이 아니다. 자연의 특성이 그러하다.

만약에 사람들이 원하는 지속적인 성장이 매년 경제 성장 수치가 떨어지는 일 없이 상승하는 것이라면 그건 불가능한 꿈이다. 사람들은 우리 사회가 경쟁 사회라고 부추기며 경쟁만이 최고가 될 수 있고 최고만이 살아남을 수 있다고 목소리를 높인다. 과연 그럴까.

어떤 이들은 말한다. 더 많이 생산하고 소비해야 경제가 살아나고 경제가 살아야 일자리가 생기고 그래야 사람이 행복해진다고. 경제적인 이윤을 남기려면 경쟁을 피할 수 없고 경쟁에서 이겨야만 행복해질 수 있다고. 하지만 그건 함정이다. 경쟁은 수많은 좌절을 낳는다. 사람들이 행복에 대한 갈망과 조급함을 잠시나마 내려두고 과연 진정한 행복이 무엇인지 돌아볼 시간조차 내지 못하게 한다. 지구의 생명에 대해 무관심하고 무책임하게 만든다.

자연은 경쟁을 통해서 성장하지만 서로 보살피고 배려하며 협력하면서 성장한다. 지속적으로 성장하는 것과 지속가능한 방식으로 성장하는 것은 전혀 다르다. 지속적인 성장은 끝 모르게 양적인 성장을 위해 치달리는 것이다. 이와 달리 지속가능한 성장은 자연의 한계 안에서 양적으로, 질적으로 함께 성장하는 것이다.

오늘날에는 손에 거머쥔 물질적인 풍요와 편리함이 인류 전체의 발전이며 그런 만큼 무한 경쟁을 통한 질주를 이어나가야 한다고 계속 부추겨지고 있다. 그러나 알고 보면 인류 전체의 성장이 아니다.

'예'는 관계에 대한 충고이자 귀띔이라고 할 수 있다. 인간과 인간

사이의 관계, 나아가 지구 자연과 인간의 관계에 대해 돌아보기를 요청하는 소리 없는 목소리이다.

이제 지구 자연 앞에서 인간으로서의 예를 돌아보고 예를 지키며 사는 삶에 대해 돌아볼 시간이다. 이것이 자연과 인간이 '예'로서 관계를 회복하는 일이자 사람과 사람이 '예'로서 상처받은 관계들을 치유하는 일이다. 그래야 지구 자연과 사람, 사람과 사람이 사이좋게 지내는 삶을 누릴 수 있다. 사람을 진정 행복하게 하는 것, 사람을 사람답게 하는 것, 그건 사람만으론 되지 않는다. 지구 안에서 생명 있는 것들이 같이 살 만한 세상이 되어야 하니까. 경쟁의 길이 아니라 연대하고 나누고 자연을 닮은 마음이 함께 성장해야 도달할 수 있는 세상이니까 말이다.

마음 속의 실천나무 ©지숲

나의 실천나무,
너의 실천나무,
우리들의 실천나무들.

생각해보기

세상의 실천나무 심고 가꾸기

지구 위기를 걱정하는 사람들이 많아졌고 일상생활 속에서 실천할 수 있는 방법에 대한 정보도 넘쳐난다. 이제 어찌할 방법을 몰라서 아무것도 할 수 없다는 것은 구차한 변명이 되었다. 그런데 이상하다. 늘 말하고 수없이 들으면서도 같은 지점에 발목이 묶여 있다. 정보와 지식이 있어도 누군가 쉴 새 없이 손에 한 가득씩 쥐어주는 실천은 생명력이 없다. 스스로 마음으로 느끼고 실천 의지로 이어질 때 자연스럽게 삶에 변화가 찾아든다.

일상에서 우리가 늘 반복하는 일은 사소하고 하찮아 보일 수 있다. 특별할 거 하나 없다. 그러나 하루하루의 힘이 삶이 된다. 작은 실천이 알찬 씨앗이 되고 자라서 삶의 결실을 맺으니 이것을 실천나무라고 이름 지어보자.

누군가 마음 밭에 작은 씨앗을 뿌렸다면 이제 시작이다. 소소한 일상 곳곳에 조용하게 새싹이 돋는다. 스스로 키워낸 변화에서 기쁨을 느낀다면

한 걸음 더 내딛고 싶어진다. 작은 실천들이 꾸준히 이어지면 이것이 물과 양분이 되어 뿌리를 더 깊게 하고 잎을 자라게 한다. 하루하루 튼튼한 실천나무가 자란다. 마음에 실천나무 한 그루씩 품고 사는 사람에게선 은은하게 숲의 향기가 난다.

세상에는 다양한 분야에서 숲 속 나무를 그대로 닮은 사람들이 있다. 이제 겨우 뿌리 내린 실천나무들도 있다. 애써 심었으나 뿌리째 뽑혀 사라진 실천나무들도 있다. 시련을 딛고 어느덧 이만큼 자라 숲 속 어린 나무들을 비바람에서 지켜주는 든든한 실천나무들도 있다. 나의 실천나무, 너의 실천나무, 우리들의 실천나무들이 서로를 지키고 격려하며 함께 성장해갈 것이다. 세상에 실천나무를 품고 사는 사람들이 있어 우리 앞에 또 하나의 길이 만들어지고 있다. 세상의 실천나무들이 있는 그 숲길을 걸어보자.

논이 지구를 살리며 농부가 생태적인 일꾼이라는 것을 잊지 않은 사람들
지역 에너지를 통해 석유 의존에서 벗어나 에너지 자립을 여는 사람들
자연과 함께 살아갈 수 있게 정책, 정당, 법과 제도를 세우려는 사람들
자연과 사람이 모두 행복할 수 있는 경제를 고민하는 사람들
사람들이 잃어버린 자연의 감수성을 일깨우려는 사람들
자연 안에서 인간의 책임, 윤리를 가르치고 배우는 사람들
자연과 우리의 관계를 돌아볼 수 있는 영화, 다큐, 노래를 만드는 사람들
자연을 소비하는 여행에서 자연을 지키고 보호하는 여행을 떠나는 사람들
자연과 어울리는 집을 짓는 사람들
처음부터 재사용과 재활용을 고려한 제품을 디자인하는 사람들
자연 파괴 없이 사람이 행복할 수 있는 과학기술을 연구하는 사람들
느리게 살아가는 삶 속에서 자신을 발견하는 사람들
사람이 아니라는 이유로 빼앗긴 지구 생명들의 권리를 지키려는 사람들
무소유의 즐거움, 스스로 가난을 선택하는 사람들
도시 안에서 여전히 녹색의 마음으로 살아가는 사람들
관광, 체험보다 일상의 삶이 더 큰 마을, 공동체를 가꾸는 사람들
그리고
…
아직 가 보지 않은, 우리를 기다리는 길

우리 함께 해보기

- 지구 앞에서 지구인으로서 서약하기. "나는 앞으로 이런 사람이 되겠습니다."
- 나의 실천나무, 너의 실천나무 이야기를 함께 나누고 힘차게 격려하기.
- 지구 어디쯤에서 실천나무로 살고 있는 지구촌 사람들을 찾아보기.

북악이 있어 경복궁이 더욱 멋지다

북악(백악)의 배웅을 받으며

늘 같은 곳을 가면서도 갈 때마다 보는 것이 다르다. 느껴지는 것들도 새롭다. 은연중에 기대감마저 든다. 세상엔 두 눈을 버젓이 뜨고도 보지 못하는 것들이 얼마나 많은가. 전에 이미 본 것을 또 보았을 뿐인데 처음엔 보지 못했던 것들이 보인다. 그곳에 있는지조차 몰랐던 것들이 갑자기 고개를 내밀어 존재를 드러내기도 한다. 저절로 발걸음이 멈춰진다. 그동안 용케도 숨어 있었구나. 왜 그땐 보이지 않았을까.

눈에 보이는 것이 전부일 거라고 생각했던 것들이, 어느새 익숙해져 있던 것들이 낯설게 다가오기도 한다. 처음엔 서로 아무런 관련도 없을 것 같은 것들이 어느 날 불현듯 서로 연결되어 새로운 이야기를 들려준다. 경복궁이 그런 곳이다. 경복궁과 북악이 바로 그런 사이였다.

경복궁을 늘 보면서도 바로 곁에 북악이 함께 있다는 것을 한동안

경복궁 곁엔 언제나 북악이 있다.
궁궐은 북악을 가리지 않으려는 듯 옆으로 비켜섰다.

알아차리지 못했다. 어느 날 문득 그동안 전혀 눈에 들어오지 않았던 북악이 불쑥 다가섰다. 북악과 내 두 눈이 마주친 그 순간부터 북악이 없는 경복궁은 상상할 수조차 없게 되었다.

경복궁 곁엔 언제나 북악이 있다. 궁궐은 북악을 가리지 않으려는 듯 옆으로 비켜섰다. 북악은 경복궁 뒤편에서 고개를 쭉 내밀며 이렇게 말하는 듯하다. "나 여기에 있어요."

어쩌면 산의 얼굴이 이렇게 멋질까. 아주 높지도 않은 것이, 그렇다고 낮지도 않다. 봉긋하게 솟았는데 그 모습이 사람의 얼굴을 닮았다. 여름날 북악이 온통 푸르름에 쌓인 날이면 아기 공룡 둘리를 닮았다고 하는 사람도 있다. 정답은 없다. 산의 표정은 그 사람 마음이다.

두 눈이 있을 자리에 두 개의 바위가 알맞게 드러났다. 눈에 눈동자가 없으면 얼마나 이상할까. 마침 그곳에 나무가 자라고 있어 눈에 총명한 기운이 생겼다. 콧잔등엔 바위가 살짝 드러났다. 코가 납작하고 순하다. 산의 생김새도 그렇고 돌이 드러난 위치도 그렇고 나무도 그렇고 서로 맞추기라도 한 것 같다. 북악의 얼굴에 표정이 깃들었다. 얼굴을 살짝 옆으로 돌렸는데 호기심 가득한 두 눈은 껌벅껌벅거리며 우릴 향해 웃는다.

경복궁은 우리에게 등을 보이거나 얼굴을 외면하지 않는다. 등을 북쪽에 기대고 정남쪽을 향해 앉았으니 우리가 남쪽에서 경복궁을 바라보면 마주 보고 있는 느낌이 든다. 자주 눈을 마주치는 인연 때문인지 볼 때마다 새록새록 정이 쌓인다.

가끔은 북악 옆에 나란히 서 있는 상상을 하는 일도 즐겁다. 북악의 시선을 따라가볼 수 있기 때문이다. 지금 우리는 남쪽에서 북쪽을 올려다보는 것에 익숙하지만 예부터 우리의 시선 방향은 북쪽에서 남쪽을 내다보는 것이 기준이었다. 오늘날 우리가 경복궁에 들어가는 길은 옛날에 손님과 신하들이 걸어 들어갔던 방향이다. 우리는 손님이고 주인이 맞이하는 격이다. 주인의 시선에서 보아야 궁궐의 진면목이 더 잘 보인다. 시선을 달리 하면 늘 익숙하던 세상도 어느덧 낯설게 보인다. 북악의 사소한 눈짓 하나, 작은 몸짓 하나에도 많은 이야기들이 있다.

경복궁 산책을 마치고 돌아오는 길 ©지숲

어쩌면 산의 얼굴이 이렇게 멋질까.
아주 높지도 않은 것이, 그렇다고 낮지도 않다.
봉긋하게 솟았는데 그 모습이 사람의 얼굴을 닮았다.

생각해보기

북악과
동행 친구가 되던 날

어느 곳에 갔을 때 아무런 귀띔도 하지 않았는데 누군가 마중을 나와 있다면 어떤 심정일까? 서로 마음이 통한 것 같아 반가운 마음에 기분까지 들뜬다. 경복궁에 갈 때마다 북악이 늘 마중을 나와 있었다. 처음에는 그런 줄도 모르고 있다가 한참 지나고 나서야 알게 되었다. 난 참 바보였다.

북악은 언제 어느 길로 올지 어떻게 아는 걸까. 전철을 타고 가는 날에는 흥례문의 서쪽에서 기다리고, 인사동에서 걸어가는 날에는 흥례문 동쪽에 나와서 기다린다. 한 번도 길이 엇갈린 적이 없다. 광화문 광장에서부터 걷기 시작하는 순간 벌써 알아차리고 웃는다.

흥례문에서 표를 내고 영제교 근처에서 천록에게 출입 신고까지 하고 근정문을 막 들어서면 어느새 먼저 들어와 기다린다. 근정전 동쪽으로 가면 동쪽으로 따라오고, 서쪽으로 걸음을 옮기면 자기도 방향을 바꿔 따라온

다. 갈 때마다 북악이 동행 친구를 자처한다.

북악은 늘 같은 모습인 듯 보이지만 계절 따라 우리처럼 옷을 갈아입는다. 북악의 패션쇼는 요란하지 않으면서 개성이 있다. 이뿐만이 아니다. 북악은 산울림의 김창완이 불렀던 노래 '산 할아버지'처럼 구름 모자를 즐겨 쓴다. 가을날 파란 하늘에 두둥실 걸린 구름 모자 하나를 집어서 밋밋한 머리에 앉힌다. 은근 멋쟁이다.

북악이 궁궐 가까이 살고 있기 때문에 점잖을 거라고 생각하면 오산이다. 북악이 좋아하는 놀이가 있다. 근정전의 서쪽 월대 어디쯤에 서면 사정전 담장 너머 북악이 얼굴을 반쯤 가리고 웃으며 소리 없이 말한다. "심심해, 나랑 놀아줘." 북악과 노는 건 그리 어렵지 않다. 북악과 마주 보고 서서 장난스레 큰 걸음으로 앞으로 갔다가 뒤로 갔다가 그렇게 걸음을 옮기기를 반복하기만 해도 된다. 담장 너머로 북악이 숨었다가 다시 나타나고 다시 숨기를 되풀이한다. 어디서 사람들이 까꿍 놀이를 하는 것이라도 본 것일까.

북악이 좋아하는 놀이 중에 빼놓을 수 없는 놀이가 있다. 이름을 붙인다면 '나무 액자에 얼굴 모셔주기'. 궁궐 저 밖에서 북악을 보면 북악이 분명 작은 키가 아닌데 궁궐 안에서는 이상하게도 작은 문 액자 하나에도 쏙 들어온다. 참으로 신기한 일이다. 궁궐 곳곳에 크고 작은 문을 지나는 어느 순간 북악의 얼굴이 문틀에 잡힌다. 마치 북악의 즉석 사진으로 액자 선물을 만든 것 같다.

북악이 좋아해서 친구를 기다리는 장소들이 몇 군데 있다. 그중에 한 곳이 근정문의 서쪽 월화문이다. 월화문 앞에서 적당한 거리를 두고 멈춰야 하는데 키가 큰 사람은 눈높이 때문에 그냥 지나칠 수 있다. 궁금하다면 무릎을 구부려보시라. 수고로움이 전혀 아깝지 않다. 또 한 곳은 동궁에서 사정전으로 가는 길에 있는 미성문이다. 이 문을 지날 때는 정말이지 순간 포착이 필요하다. 술래잡기를 할 때 도망치다가 잡혀 까르르 웃음을 터뜨리는 개구쟁이처럼 좋아한다. 그런 북악이지만 건청궁에선 차분해진다. 건청궁 옥호루엔 명성왕후가 시해된 슬픈 역사가 있다. 증명사진이라도 찍듯 이마에 건청궁이라는 현판을 달고 얌전하게 앉았다.

향원지에서라면 눈앞에 아무것도 가릴 것 없이 북악과 만나기에 좋다. 북악과 동행하면 심심하지 않아서 좋고 어색한 분위기를 없애려고 애써 많은 말을 하지 않아도 좋다.

명랑 쾌활한 북악이지만 잔뜩 긴장한 모습을 보이는 장소가 있다. 경복

궁 북쪽 신무문을 나서면 길 건너 청와대가 있다. 예전에 경복궁의 후원이 있던 곳이다. 북악은 청와대 건물 뒤로 저만치 물러나 앉았다. 개구쟁이가 무서운 선생님께 꼼짝없이 잡힌 얼굴이다.

경복궁을 돌아나올 때 북악은 굳이 배웅하겠다며 따라나선다. 사람이 앞서고 그 뒷모습을 지키며 조용히 뒤따른다. 가던 길을 멈추고 잠시 돌아서면 북악도 걸음을 멈추고 마주본다. 서로 아무런 말이 없다. 헤어지기 아쉽다. 어느 순간 북악이 귓가에 조용히 속삭이듯 말을 건넨다.

"자연과 싸우듯이 살지 말고 자연이 가는 길을 따라 즐거이 동행할 줄도 알아야 해."

자신이 있는 곳을 한시도 떠나지 않으면서 곳곳에 얼굴을 드러낼 수 있는 북악의 재주는 참 신기하다. 옛사람들은 이곳에 궁궐을 짓기로 마음먹었던 그때부터 북악의 존재를 알아차렸을 것이다. 북악을 아껴 일부러 궁궐을 이렇게 지었을 것이다. 혹시 이곳의 주인공이 궁궐이 아니라 북악이 아니었을까.

경복궁을 몇 번이나 다녀온 사람도 자신 곁에서 늘 북악이 동행하고 있었다는 것을 모르는 경우가 많다. 다음에 경복궁에 갔을 땐 주저하지 말고 북악에게 먼저 인사를 건네보시라. 눈을 마주친 순간 우린 북악과 친구가 되고 경복궁은 더욱 특별한 장소가 된다. 내 자연 친구가 있는 곳이니까.

꼭 해보기

- 궁궐 밖에 마중 나와서 우리를 기다리고 있는 북악과 인사하기.
- 북악의 패션쇼 감상하기.
- 북악이 새 구름 모자를 쓰고서 웃어 보이면 얼른 알아차리고 칭찬해주기.
- 크고 작은 문을 지나며 나무 액자에 담긴 북악과 눈과 마주쳤을 때 방긋 웃기.
- 근정전 서쪽 월대에서 북악과 잠시 놀아주기.
- 북악의 얼굴이 있는 나무액자 사진을 찍어보기.
- 우리 집, 우리학교, 우리 동네의 사이 공간을 채우고 있는 것은 무엇인지 살펴보기.
- 경복궁에서 내가 좋아하게 된 장소에 대해 이야기해보기.

나가며

우리는 다시 자연과 친구가 될 수 있을까

독일의 프라이부르크, 브라질의 쿠리치바, 쿠바의 아바나, 스웨덴의 예테보리는 생태도시, 환경도시, 지속가능도시, 녹색도시, 슬로시티 등의 이름으로 주목받는 지구촌 도시들이다. 사람이 자연과 조화롭게 사는 것을 당연하게 여기고, 도시를 설계할 때 중요한 원칙으로 삼는다. 일상생활을 유지하는 다양한 기반 시설이 잘 구축되어 있고, 이를 지원하는 현실 정책이 있으며 이런 일을 하는 사람들이 있다. 육백년이 넘는 역사를 지닌 서울은 과연 어떤 도시일까. 자연과 사람이 어울리는 도시라고 할 수 있을까.

사람은 신발이 발에 잘 맞을 때 신발을 신었다는 것조차 잊는다. 신이 헐거워서 자꾸 벗겨지거나 꽉 조여 발이 아프고서야 신발에 자꾸 신경을 쓰게 된다. 오늘날 우리가 쉴 새 없이 자연을 이야기하고 곳곳에 자연학습장을 짓고 바쁜 시간을 쪼개어 자연을 찾아 여행을 떠나는 것, 사람이 자연과 함께 살아가는 것이 얼마나 소중한 경험인지 강조하고 또 강조하는 것은 뭔가 우리의 삶이 자연스럽지 못하기 때문이다.

최근 들어 도시 안에 녹색의 공간들이 많아졌다. 생태공원, 호수공원, 도시 근린공원들, 곳곳에 자연학습장도 들어섰다. 주택가의 옥상을 차지한 소박한 텃밭이 있는가 하면 대형 건물에 잘 꾸민 옥상정원들도 있다. 학교와 도시 아파트 단지 내에 녹색의 조경도 발전을 거듭하고 있다. 회색빛 도시에 군데군데 녹색의 섬들이 많아졌다. 눈에 보이는 녹색 공간의 비율이 넓어졌다고 해서 우리의 삶이 예전보다 더 자연스러워진 건 아니다. 아무리 훌륭한 조경 기술자라도 자연을 만들지 못한다. 자연은 자연물들을 합해 놓은 것 그 이상이다. 자연의 생명력은 자연물의 겉모습이나 조합에 있지 않으니까. 우리는 자연스러운 자연을 잃어버린 대신에 잘 꾸며진 자연학습장을 얻었다.

그나마 다행스러운 것은 자연학습장이 매우 인위적인 장소이지만 이곳에서도 자연의 힘이 발휘된다는 것이다. 자연물을 통해 자연의 존재가 순하게 드러난다. 언젠가 사람들의 부지런한 발걸음들이 도시에 떠 있는 녹색의 섬들을 서로 잇고 또 징검다리 삼아서 어느새 멀어져버린 자연과 우리의 사이를 이어주는 날이 오기를 기대한다. 자연과 우리가 다시 친구가 되었을 때 눈앞에 보이는 녹색의 구조물을 쌓기에만 급급했던 우리들의 손발이 새삼 낯설게 보일 것이다.

서울에 여기저기 흩어져 있는 녹색의 섬 중에 경복궁도 있다. 경복궁은 조선의 궁궐이었고 우리에겐 소중한 문화유산이다. 다른 한편으로 도시 생물들에겐 온통 사람들의 차지가 되어버린 서울에서 사람들의 간섭을 피해 살아갈 수 있는 얼마 남지 않은 서식지이다. 궁궐이 문화유산이면서 지구 생물들이 살아가는 생태적인 장소가 될 수 있는 것은 자연과 삶이 어우러진 현실의 장소였기 때문이다.

오늘날 사람들이 경복궁에 가는 이유는 저마다 다르다. 보는 것도 다르고, 보고 싶은 것도 다르다. 언제나 사람들의 발길이 끊이지 않는다. 현장체험, 자연체험, 문화체험 등 여러 이유로 청소년들도 찾아온다. 그들에게 경복궁은 어떤 곳일까. 다음에 혼자서라도 경복궁에 다시 와보고 싶을까.

짧은 시간에 말로 전하고 싶은 것이 아무리 많아도 누구나 자기 것으로 소화하려면 시간이 필요한 법이다. 삶은 과정이다. 내가 알고 싶은 것을 잘 아는 누군가로부터 귀 기울여 잘 듣고, 또래 친구와 함께 나누고, 혼자서 사색하고 알아차리는 과정이 균형 있게 만나야 배움도 튼실해진다. 경복궁이 그런 곳이면 좋겠다. '경복궁에서 지구, 자연, 인간, 사회, 삶'을 돌아보는 일이 청소년들에게 또 하나의 공부 짐을 지우는 일이 아니었으면 좋겠다. 이제 경복궁을 떠날 시간이다.

추천의 말

자연과 문화가 공존하는 공간, 경복궁을 보다 친근하고 쉽게

윤여덕 (사)한국의재발견/우리궁궐지킴이 대표

대한민국의 서울, 조선의 한양에서 가장 많은 관심을 받고 있는 장소가 경복궁이다. 경복궁은 과거로부터 현재로 이어지는 시간과 공간의 매개체 역할을 하고 있는 곳이다. 과거 조선에서는 출입이 허가된 사람만 들어갈 수 있었던 곳인데, 지금은 누구나 들어갈 수 있는 공간이 되었다.

경복궁은 과거의 이념과 가치를 현재와 연결시켜주는 우리의 문화유산이다. 문화유산으로서 경복궁은 우선 역사성을 통해 사회 구성원으로서 자긍심을 가지게 한다. 문화유산의 다양성을 이해함으로써 일상생활에서 발생하는 갈등을 해결하는 능력도 기를 수 있다. 뿐만 아니라 특정한 나이와 시기에 얻었던 지식을 일상생활에 접목할 수 있고, 배움을 지속적으로 유지하는 지혜를 터득할 수도 있다.

세계적으로 유명한 도시들은 그 지역에서 나는 자연 자원을 이용해 건물을 짓고 도시를 만들었다. 한양도 예외가 아니었다. 한양은 화강암으로 이루어진 산으로 둘러싸여 있다. 돌을 주재료로 성곽을 쌓고, 목재를 주재료로 궁궐을 지은 것은 매우 자연스러운 일이다.

우리 중에는 특별한 이유 없이도 감성적으로 궁궐의 고즈넉한 분위기를 좋아하거나 아름답다고 느끼는 사람들이 많이 있다. 서울의 궁궐들은 모두 돌과 나무로 이루어져 있고, 궁궐의 구조를 세심하게 살펴보면 건축물이 통일성을 갖추고 있다. 그것을 느끼게 되면 궁궐의 다양한 모습에 매료되고 감탄하게 된다.

세계문화유산에서도 동일한 감성적 느낌이 존재한다. 그 이유는 건축물의 경우 주재료가 해당 지역의 자연에서 출토되는 동일한 재료를 사용하면서도, 모양은 다양하고 구조는 집합적이기 때문이다. 그래서 단순함으로써 깊은 멋을 간직하고 있다. 궁궐이 다양한 모습을 갖추게 된 것은 창의성 없이는 불가능한 일이다.

궁궐, 특히 경복궁은 청소년들이 창의성을 키우기에 더할 나위 없이 좋은 장소이다. 아울러 통합 사고를 기를 수 있는 '학교 밖 학교'로서 전혀 손색이 없다. 여유를 가지고 세심히 관찰하면, 조선 시대 최고의 장인들이 지녔던 뛰어난 기술과 예술적 감각을 알아볼 수 있게 될 것이다. 풍부한 감성과 다양한 상상력으로 만들어낸 경복궁을 새로운 공간으로 인식할 수 있을 것이다.

최근 들어 문화유산으로서의 경복궁을 새로운 관점에서 바라보려는 시도들이 있다. 이 책이 바로 그런 책이다. 이 책은 경복궁을 '환경과 생태'의 관점에서 바라보는, 매우 의미 있는 시도를 하고 있다. 경복궁은 자연이 만들어낸 환경, 그리고 자연과 더불어 살아가려는 인간의 욕구와 행위가 결합되어 세워졌다. 그렇기 때문에 '자연과 인간'이라는 관점에서 바라보아도 유익하고 새로운 지혜를 충분히 발견할 수 있다.

이 책을 통해 우리가 직면하고 있는 지구 환경 문제를 돌아보고, 앞으로 지구와 인간의 조화로운 관계 정립에 대한 실마리를 찾을 수 있기를 조심스럽게 희망해본다.

사람들이 흔히 조선을 봉건 사회라고 말할 때 그 말에는 상당히 부정적인 어감이 들어 있다. 봉건 사회에서 근대 사회로 진행되면서 두 가치가 혼재되어 현재에 이르기 때문이다. 조선은 동북아 지역의 오래된 이념과 가치인 유학(유교)을 국가 이념으로 삼아 탄생하였다. 우리에게는 조선이 500년이 넘는 역사를 유지할 수 있었던 기틀로서 유학과 유교 문화를 배우고 이해할 충분한 이유가 있다. 경복궁은 그러한 유교 문화의 중심에 서 있다.

여기서 짚고 가야 할 것이 있다. 유교 철학은 자연 철학을 바탕으로 발전한 학문이다. 자연 철학은 인간이 자연을 이해하는 방식, 사물의 본성은 자연으로부터 왔다는 인식, 자연과의 관계 안에서의 인간 본성에 관한 탐구, 인간의 행위에 대한 책임을 모두 포함한다. 문화유산으로서의 경복궁에는 이 모든 것이 함축되어 있다.

서울은 세계적인 도시로서 그 근간에는 자연 친화력을 가진 자연 도시로서의 면모도 품고 있다. 이 책은 자연과 문화가 공존하는 공간, 경복궁을 보다 친근하고 쉽게 접할 수 있게 해줄 것이다.

바람 좋은 날, 경복궁

1판 1쇄 2018년 4월 25일
1판 3쇄 2022년 10월 5일

지은이 박강리
일러스트 지숲
펴낸이 김정순
편집 허영수
디자인 박수연
마케팅 이보민 양혜림
펴낸곳 (주)북하우스 퍼블리셔스
출판등록 1997년 9월 23일 제406-2003-055호
주소 04043 서울시 마포구 양화로 12길 16-9(서교동 북앤빌딩)
전자우편 henamu@hotmail.com
홈페이지 www.bookhouse.co.kr
전화번호 02-3144-3123
팩스 02-3144-3121

ISBN 978-89-5605-964-8 03900

해나무는 (주)북하우스 퍼블리셔스의 과학·인문 브랜드입니다.